満たされることのない東京の闇を駆け抜ける

デリヘルドライバー

東良美季

Tohra Miki

駒草出版

デリヘルドライバー

東良美季

Tohra Miki

Prologue

東京の闇を駆け抜ける者たち

本書は、デリヘルドライバーという職業に就いた男たちの物語である。

デリバリー型ファッションヘルス、通称・デリヘルという性風俗の一形態がある。その名の通り、女性を客の元へと派遣（デリバリー）するものだ。場所は客の自宅やサラリーマンが出張先として泊まるシティホテル、ビジネスホテルなどから始まり、近年では店がラブホテルや安価なレンタルルームなどと提携し、客を送り込むケースが増えている。

デリヘル嬢たちは店が待機所として借りているマンションの一室などにいるので、誰かが客の元へ車で送り届ける必要がある。そこで生まれたのがこの、デリヘルドライバーという職業だ。

デリヘルという風俗が誕生したのは比較的新しい。二〇〇〇年代以降である。

日本のセックス産業はソープランドが密集する東京の吉原（台東区千束）や川崎の堀之内、岐阜の金津園（岐阜市）や滋賀の雄琴（大津市）など、いわゆる「風俗街」において発達してきた。いや、そういう地域に囲い込まれ、ある種の「特区」として黙認され育まれたと言った方がいいかもしれない。

多くの人が暗黙の了解として認知しているように、「売春防止法」という法律がありながら、ソーブランドでは金銭の授受を介した本番行為（実際にセックスすること）が行われているからだ。

この在り方は一九八〇年代に入り、ノーパン喫茶やファッションヘルスなど、本番行為を伴わないライトな性風俗が誕生しても変わらなかった。新しい業態もまた、新宿なら歌舞伎町、渋谷は道玄坂界隈など、歓楽街の一部を「風俗街」として囲い込み発展した。つまり男たちはあくまでも街へ繰り出して、性と快楽を求めたのだ。

それが変わり始めたのが二〇〇三年である。

当時の東京都知事・石原慎太郎が、警察官僚だった竹花豊を副知事として招聘《しょうへい》。「歌舞伎町浄化作戦」と称する大規模な風俗店摘発を開始した。いわゆる「ショバ代」や「みかじめ料」などが暴力団の資金源になっているという理由からだ。これに加え、その後持ち上がった二〇一六年の東京オリンピック招致運動（このときはリオデジャネイロに破れ、東京オリンピックは二〇二〇年の開催が決まる）が「東京をクリーンなイメージに」と拍車をかけ、歌舞伎町にとどまらず都内全域で、さらに多くの風俗店が閉店を余儀なくされた。

ただし「歌舞伎町浄化作戦」はオリンピック招致によって方向性がぶれた。暴力団云々より見てくれを重視し、「外国人観光客に見られて恥ずかしい、下品で淫らな看板を置かせない」という方針へとなし崩し的に転換したため、無店舗型には寛容な姿勢を見せた。結果、デリバリー型（デリヘル）の風俗店が一気に増加するのだ。

さらに二〇〇五年、都条例で「店舗型風俗店」の新規参入が禁止され、東京ではもうソープランドやファッションヘルスなどの新たな開店は不可能になる。そして翌二〇〇六年、改正風適法（風俗営業等の規制及び業務の適正化等に関する法律）が施行。これによって店舗型とデリバリー型の折衷案として認められていた、店で風俗嬢を選んでホテルへ行く、いわゆる「待合型」も禁止になった。

そのため東京では、店舗型の風俗店というものが、「吉原」などのソープランド街以外からは一気に激減したのだ。

では東京という都市は、この十数年で健全化したのかというと当然そんなことはない。むしろ逆だ。風俗は歓楽街・風俗街からはじき出され、先に書いたように客の自宅、ビジネスホテル、ラブホテル、レンタルルームなどに場所を移し拡散拡大した。これが現在に至るデリバリー型ファッションヘルスの隆盛である。

都内にお住まいの方なら、スマートフォンに向かって「近所のデリヘル」と呼びかけてみるといい。GoogleやSiriが、近くにあるデリヘル店を探し出し、店のホームページをずらりと並べてくれるはずだ。つまり今や東京全体が、巨大な風俗街と化したのだ。

風俗のポータルサイト最大手「MAN-ZOKU・東京（東京デリヘルのマンゾク）」によれば、都内の総デリヘル数は一〇八四件（二〇一七年一〇月二〇日現在）。しかしその数も実は判然としない。なぜならデリヘルはリアルな店舗というものを所有しないため、ネット上のバーチャル空間には、便宜上無数の店を開店できるからだ。

こうして拡散し可視化できないほどに巨大化したため、デリヘルの実態は深い闇に包まれることになった。表面上は本番行為の禁止を謳っているが、違法な売春店も多い。違法店には外国人女性専門のところも多く、不法滞在の温床になっている。

また行為自体が密室で、デリヘル嬢と客の一対一で行われるので、何をしているのかは当人同士にしか知り得ない。店としては「本番禁止」としながらも、女性が個人的に許し、その代わり規定以上の金銭を得ている場合もある。

また逆に客からの本番強要、さらにはひとりで呼んだふりをして、浴室やトイレに複数の男が隠れていて集団レイプに及ぶという悪質な事件もある。被害に遭うのがデリヘル嬢という日陰の存在のせいか、表沙汰になることはほとんどない。

店舗型の風俗店の場合、前述した風適法により、深夜〇時以降の営業はできないが、デリヘルの場合はほとんどが夕刻から早朝にかけて営業される。そう、デリバリー型ファッションヘルスは、文字通り夜の闇に覆い隠されているのだ。

そんな闇に包まれたデリヘルの内情を、誰よりも肌で感じているのがデリヘルドライバーたちだ。働くデリヘル嬢たちは自分と自分についた客しか知らないが、彼らは多数の女性を乗せ、さまざまな街から街へと走り、多種多様な客へと送り届けている。

デリヘルドライバーたちはいったい何を見て、何を感じ、何を思うのだろう。

彼らがどんなきっかけで、どんな人生の道のりを経てデリヘルドライバーという職業にたどり着いたのか。それはこれから登場する九人の男たちの物語が明らかにしてくれるだろう。ただ、本編に入る前にひとつだけ記しておきたい。

夕刊スポーツ新聞やタブロイド版夕刊紙には、常に多数の性風俗店による男性スタッフ募集の広告が掲載されている。東スポこと、『東京スポーツ』にその傾向が顕著だ。中でも多いのがデリヘルドライバーの募集である。

文面のほとんどが「デリヘルドライバー急募」「即採用」「ガス代支給」「車持込優遇」「社用車有」「ナビ有」「日給一万円以上」「二万確実」など。特に「日払」と大きく打つところが多く、「年齢不問」とされるところも少なくない。

これはどういうことか。職と金のすべてをなくし、今日の食事すらままならない状態に陥った者でも、運転免許証を所有し車の運転さえできれば、明日からは何とか生きていける職業だということだ。

タクシードライバーは二種免許がなくとも、タクシー会社に就職できれば社費で二種免許を取得させてもらうことが可能だ。ただしそれでも教習に一週間から一〇日。その後技能試験があり学科試験を運転免許試験場で受ける。さらに社内にて地理試験や接客講習を受けるため、晴れてドライバーになれるまでは少なくとも一カ月はかかるという。

その点、デリヘルドライバーは即日採用だ。経歴を聞かれることもない。だから極端な話、執行猶予中であっても、昨日刑務所から出てきたばかりでも働くことができる。

かつて「風俗嬢は女の最後の砦」といわれた時代があった。失職したり借金を抱えたり、一方的に離婚されて乳飲み子を抱えたとしても、そこそこ若ければソープランドなどで働くことができると。しかし現在、風俗業界は少子化と草食男子の増加で飽和状態を迎えている。もう簡単に稼げる世界ではなくなった。料金の廉価化も進んで給与は低い。思い切って肉体を使って働くことを決心したとしても、儲かる風俗嬢は極端に容姿が端麗か、高度にコミュニケーション能力がある場合だけだ。それだけの容姿やコミュニケーション能力があれば、むしろ一般的な職業でも充分成功できるとさえいわれるほどだ。

そんな世の中でデリヘルドライバーは、「男の最後の砦」なのかもしれない。なぜなら性風俗業界自体は「それでも稼げるかもしれない」という女側の希望と、「いい女と出会えるかもしれない」という男の妄想に支えられて、いまだ増殖を続けているからだ。

現実から目を逸らした希望的観測と根拠のない妄想は、実態のない分際限なく膨らむ。それにリアル店舗を持たず、インターネットという果てのないサイバー空間が加わったデリヘルとは、欲望だけで作り上げられた別世界だ。

そんな欲望で出来上がった夜の中で、デリヘルドライバーだけが確かなフィジカルを持ち、自分の腕でハンドルを握り、自分の足でブレーキとアクセルを操り、確かな現実世界でデリヘル嬢を乗せ客の元に走らせている。

　彼らは決して特殊な人種ではない。あなたと同じ現実の中で、額に汗して働く男たちだ。ただあるとき人生に迷い足を滑らせて、デリヘルドライバーという「最後の砦」にたどり着いた。いったい彼らは何をなくし、そしてこの実態のない夜の中で、何を見て何を獲得したのだろう。

デリヘルドライバーたちの言葉に、耳を澄ませてほしい。

第1章

桜

一年前までデリヘルドライバーをやっていたという男に会った。

駒井祐二、四一歳。一九七六生まれ、既婚。

現在は社員五〇名ほどの中規模の出版社で、DTPデザイナーをやっているという。もともとは風俗店の経営者だった。ところが摘発を受け逮捕。有罪になってすべてをなくした。

DTPとはデスクトップパブリッシング（Desktop publishing）の略で、パーソナル・コンピュータを使った印刷物作成のことだ。具体的にはアドビ社のインデザインやフォトショップという、組版や画像加工ソフトを使って製版データを作る。

駒井祐二はすべてをなくしてから、夕刊紙の三行広告でデリヘルドライバーの職を得て、約一年働いて金をためた。そのときすでに結婚もしていたので、妻も共働きで協力してくれたこともあり、半年間専門学校へ通いDTPの技術を身に付けた。そしてハローワークの紹介で現在の出版社に就職する。

出版社は書籍のカバーや表紙の装丁には外部のデザイナーを起用することが多いが、単行本や雑誌の本文組版には、社内にデザイン部門を持っているところも少なくない。というのは、印刷にコンピュータが導入される以前のアナログ時代は、校正をして文字直しの必要が出た場合は、それは写植会社や印刷所がやってくれた。

ところがすべてパソコン内で完結する現在は、本文を担当するデザイナーが文字の訂正を行う。そういう点から社内にデザイン部を置いていた方が、出版社としては都合がいい。外注費も安く済む。表紙などの装丁には純粋なデザイン的才能が必要とされるが、本文の方にはいわば職人的な細やかさが要求される。

僕自身も何度か使ったことがあるが、インデザインやフォトショップは非常に高度な技術を要するソフトウェアである。決して簡単に使いこなせるものではない。もちろんコンピュータ全般に関する知識も必要だ。失礼ながら専門学校に通ったとはいえ、それまで風俗店の経営をやっていた四〇代の男にできる仕事なのだろうか。

それを聞くと駒井は、

「そうですかね。それほど難しい仕事ではないと思うけどね」

と、どこか他人事《ひとごと》のように飄々《ひょうひょう》と言った。

「でも、駒井さんはとても腕のいいＤＴＰデザイナーだと聞いたけど」

「腕がいい悪いなんて関係ないと思うよ」と笑う。

「やれ、と言われたことをやるだけだからね。特に美的センスが必要なわけじゃないし。編集が『ここ、こう直してください』と言うのを、『ハイ、わかりました』とやればいいわけだからさ。いいか悪いかは、俺が決めることじゃないんで」

この他人事のような雰囲気は、駒井祐二という人物全体を支配しているような印象があった。

風俗店を経営し一時期は大金を稼いでいたのも、逮捕され拘留され、そしてすべてを失ったのも、彼にとってはまるでガラス窓一枚隔てた外で吹いている風のようだった。

「もともとは使う側の立場だったからね。まさか自分でドライバーをやるなんて、夢にも思ってなかった。その頃はホテトルですよ。ホテトルとデリヘルの違いってわかりますか。ざっくり言っちゃうとデリヘルは許可店。ホテトルは無許可でやってるものなので、ドライバーも使い捨てです。人間扱いしてなかったですよ。悪いことしたなって、後に自分がドライバーやるようになって思ったけどね。使ってたのは五、六人。でも当時は、顔すら見たことなかった。ひとりだけ古株のドライバーがいて、そいつに配車とかローテーションとか任せてた。とはいえ、その男ともめったに会わない。基本、電話だけですね」

一般的なデリヘルドライバーの場合は日給だが、駒井の勤める店は月払いだった。理由は、日払いにすると飛ぶ（逃げてしまう）からだという。

「ドライバーは、闇金から引っ張ってたからね。債務者ですよ。同じ系列で闇金もやってたんで、そっちの方で金借りてどうしようもない連中を連れてきてやらせてた。人間扱いしなかったのはそういう事情もあるね。まあ、飛んだとしても基本、家族からヤサ（住んでいる場所）、親戚に至るまで全部押さえてあるから大丈夫なんだけど、いちいち面倒臭いからね。ドライバーが店の女の子に手を出すか、それはまず、ない。ホテトルも闇金も、バックにはヤクザがついてるのはわかってるから。そういう意味でも債務者を使ってたんだ」

場所はどこだったんですかと聞くと、

「それは勘弁してください」と、妙にかしこまった感じで拒否した。

「例えば——例えば、ですけど、『新宿』とか言っちゃうと、どの組が仕切ってるか、その筋の連中にはわかっちゃうんだよね」

すべてが他人事のような駒井が唯一我が身を気遣ったのは、当時の仲間に現在の自分を知られることだった。実際、ある日盛り場で当時の兄貴分に偶然出会い、「久しぶりだな、飲みに行くか」となったまではよかったが、酔いが回るにつれなぜかその男が激昂し、人気のない路地に連れ込まれ、殴り倒されたあげく胸と腹を蹴り続けられて肋骨を三本折られたという。しかし、「それは何か具体的に、駒井さんがその人を怒らせてしまうようなことを言ったとか」と水を向けると、

「さあ、どうだったかな。俺が何か下手を打ったのかもしれないね」と、また他人事のように受け流した。


駒井の勤めていたホテトルは、とある組の若頭が、自分の妻に経営させていた店だった。妻は八〇年代には深夜のテレビ番組などにも出演するほどの人気AV女優で、彼女の繋がりのあるAVモデルプロダクションからもホテトル嬢を引っ張ったりしていた。有名であればなおさらだが、無名であっても「AV女優」という肩書きは客を呼ぶ。

ホテトル嬢は、都内の「あえて町名を明かさない地域」のマクドナルドなどで待機し、ドライ

バーがピックアップ。客の元へ届ける。駒井たちの事務所はそこからはかなり離れた京浜地域にあった。連絡は電話のみ。しかも摘発から逃れるため、月に一度は引っ越しをした。

ドライバーが店の女の子に手を出すことはないと言いつつ、駒井ら数人いた事務所スタッフの男は、「講習」と称して遠慮なく新人ホテトル嬢を抱いた。

「その古株のドライバーから連絡が入るんですよ、『今度入った娘《こ》、可愛いっスよ』って。そうしたら『ホント？　行く行く』とか言って。クズですよね」

実質、事務所はひとつだったが、広告などには低価格店から高級店まで、五つほどの店舗を打っていた。ランクは女の子の容姿やリピート率で決める。

すべてが上下関係で動いていた。闇金債務者であるドライバーは「下」なので、駒井たち「上」にいるスタッフたちには媚《こび》を売り、女の子たちもできるだけ高いコースで売ってもらいたいので、駒井たちの「講習」には躊躇なく体を開いた。

店は儲かっていた。駒井の給料は固定で五〇万円。それ以外に、ほとんどのスタッフが金を抜いていた。古株のドライバーが店を通さずホテトル嬢を派遣して、ある程度まとまった額になったところで持ってくる。おそらく、ドライバー自身も抜いていたはずだ。

やがて経営者の若頭はヤクザから足を洗い、ホテトルと闇金だけでなく他の風俗やキャバクラ経営などに広く乗り出すようになる。それが現役ヤクザたちが仕切るホテトル業者の反感を買ったのか、ドライバーが難癖をつけられて殴られたり、警察に密告されたりするようになる。お互いの店の女の子たちをレイプし合うということも起きた。

穏やかな駒井の表情から「レイプ」という聞き捨てならない言葉が出たので、思わず聞き返した。

「駒井さんも、レイプしたの」

「うん、した。一度やったらすごい罪悪感で、後悔して二度とやらなかったけど」

レイプの方法は単純だ。

男二人でホテルに入る。相手の店からホテトル嬢を呼び、一人は風呂場などに隠れる。そして嬢が部屋に入ったところで飛び出し、二人がかりで押さえ付けて強姦する。性欲もあるが、主たる目的は相手の店への「いやがらせ」なので、終わったら女の子の財布を奪って逃げる。

彼女はごく普通の女の子に見えた。年齢は二〇歳くらい。泣くこともなかった。おそらく店同士が揉めていて、レイプのし合いが横行していることを知っていたのだろう。もう一人の男が風呂場から出てきたところで、すべてを諦めているように見えた。

ハンドバッグから財布を奪ったのは駒井だった。二人してホテルから車で逃げ、少し離れたコンビニの駐車場で中身を見た。カラフルな、可愛い封筒に入った便箋があった。広げると若い女の子らしい丸っこい文字があった。

「――ちゃんは東京で頑張って働いてるね。私もこっちで頑張るからね」と書いてあった。

同郷の女友だちからの手紙だった。

駒井は見た瞬間破いてコンビニのゴミ箱に捨て、なかったことにした。

その後、ヤクザの上の方の人間が出てきて、「お前たちいい加減にしろ」と双方の店をいさめ、いざこざは終息した。両者の対立はエスカレートする一方で、傷害沙汰で半殺しの目に遭う者も出たが、お互いつまらない見栄とプライドで抜いた刀を収められない状態だった。ヤクザの仲裁は渡りに船だった。

それを機にと思ったのかどうかはわからないが、元若頭は駒井たちに、「やる気があるヤツは金を出してやるから独立しろ」と言い、駒井は融資を受けて風俗店の経営を始めた。

駒井祐二は一九九五年に、長野県の公立高校を卒業する。成績は中の下。スポーツなどの部活動に熱中することはなく、かといって不良でもない、将来に何の希望も持たない無気力な少年だった。

一九九五年といえば、オウム真理教事件で日本中が揺れた年だ。元旦に山梨県上九一色村（当時）のオウム真理教施設で神経ガス「サリン」の残留物が検出されたと報道され、三月二〇日には地下鉄サリン事件が発生。同月二二日には警視庁によるオウム真理教の全施設の強制捜査が開始。四月に入ると林郁夫や早川紀代秀らが次々と逮捕され、二三日には村井秀夫が刺殺されるなど、これらの騒動は五月一六日の教祖・麻原彰晃（本名・松本智津夫）の逮捕まで続く。

進学もせず何の就職活動もしていなかった駒井は、オウム事件に危機感を覚えた東京のテレビ局が、警備員を大幅に増員するため募集をしていることを知る。「可愛い女子アナに会えるかな」という軽い気持ちで履歴書を送ると合格したので上京。警備会社の持つ寮に入り、時々同僚の警備員とひそかに女子アナのロッカーを覗き、下着や生理用品が入っていないか探したりもしたそうだが、基本的には二年間、真面目に勤める。

二年目が終わろうとした頃、駒井は「バーテンダーになりたい」という思いを抱く。ある日同僚から「友だちがいるから安くなる」と連れていかれたバーで、その友人がホワイトシャツに真紅のベスト姿でカクテルを作る姿を見て、「格好いいな」と感じたからだ。「女にモテそうだな」とも思った。どちらにせよ、すべてにおいて無気力な若者だった駒井が、初めて見出したささやかな希望らしきものだった。

警備会社を辞め、寮から出なければならないこともあり、親に頼み込んでアパートを借りる敷金と学費を出してもらい、バーテンダースクールの一カ月コースを受講。学校の推薦もあって六本木のパブに勤める。ところが三カ月ほど過ぎたところで、先輩のバーテンダーを殴って首になってしまう。

話をしている限り、駒井は実に穏やかな人間である。少なくとも「キレる」という行為からは無縁に見える。本人もそうだと言う。腹を立てること、激昂することはほぼないという。ところがこのときだけはなぜか違った。

その先輩というのは歳はひとつ上。経験も、向こうの方が半年ほど長いだけだったが、駒井が入店したときから偉そうに突っかかってきた。すべてのことにダメ出しをして、ことあるごとに「お前はダメな人間だ」と言った。

それは別によかった。駒井自身、自分がいい人間だなんて思ったことは一度としてなかったからだ。ただ、その男が同僚や先輩たちに、「駒井はダメなヤツだが、俺が立ち直らせてみせる」と言うのが気に触った。

何より問題だったのは、駒井がその男のことを「一ミリも尊敬できなかった」ことだ。

ある日の閉店直後、例によって些細なことでくだらないダメ出しをしてきたので、反射的に殴った。一発殴ったところで、「こんなバカは何をされても仕方ないだろう」と思った。だから続けて二発、三発と殴った。翌日、店長に呼び出され解雇を言い渡された。

後悔はなかった。またバーテンダースクールに頼めばどこか別の店を紹介してもらえるだろうと考えていた。

ところが水商売の世界は駒井が思うよりずっと狭かった。その店が六本木から赤坂、青山と、一〇軒近く展開する有名チェーン店だったことも災いした。先輩のバーテンダーを殴って首になってしまうようなヤツは、どこも雇ってくれなかった。

そこから、駒井の流浪の日々が始まる。

キャバクラの黒服、違法ポーカーゲーム店、パチンコ屋。

「キャバは黒服が超体育会系なんで辞めた。ゲーム屋はあまりにヤバそうなんで、給料すらもらわずに逃げた。パチ屋は店舗の二階で操作してたのを見た。カメラがこうやって客単位で追っていって、ズームアップして『コイツに（玉を）出して』なんて指示してた。それ以来、いまだにパチンコやらないですよ、内情を知っちゃったから」

「それは違法店ではなく、普通のパチンコ屋なの」

「そうですよ、歌舞伎町のど真ん中にある大型店。勤めて半年くらいかなあ、上司が『君には仕組みを教えとくから』って、何で俺に教えたのかはわからないけどね。そのせいか辞めてからもしつこく電話かかってきたね。『今、何してるんだ？』とか。タレ込まれると思ったのかもしれない。だから携帯の番号変えて逃げた」

かろうじて続いたのはテレクラだった。援助交際や未成年買春の温床になるとして「東京都テレホンクラブ等営業及びデートクラブ営業の規制に関する条例」、通称「テレクラ条例」が施行された後だったが、インターネットの出会い系サイトなどが登場する前だったのでそこそこはやっていた。駒井は平社員にすぎなかったが、給料は月三〇万円以上あったという。

しかしすぐに出会い系サイトの人気が高まり、駒井が勤めていたのは中堅どころのチェーン店だったが、某大手チェーンに吸収合併されることが決まる。そうなると幹部はすべて大手の人間が占め、厳しく管理されるとの噂だったので辞めた。

駒井の迷走はさらに進む。

「完全に自分を見失ってましたね。ゲーム喫茶や闇スロット店に入っては短期で辞め、もうどうしようもなくなって出張ホストやって、新宿二丁目でウリセン（ゲイ向けの男娼）までやりかけた」

新宿二丁目に行ったのは、男色の趣味があったわけではない。その前の出張ホストで痛手を負ったからだ。

「女の客が男を買うわけですよ。年齢層はさまざま。若いのは二〇代もいたし、でも多かったのは三〇代、四〇代。上で六〇くらいかな。客は顔がおかしいか頭がおかしいかのどっちかだったね」

ホテルに呼ばれ、内心「美人だ、よかった」と思ったら縛られて、基本コースの九〇分間、ずっとボコボコに殴られ続けたこともあった。それで駒井の取り分は五〇〇〇円。割の合わない商売だった。

性器を舐めさせるのが好きな客が多かった。出会ってすぐ、シャワーを浴びることもなく股を開いて、さあ、舐めなさいと言われる。それが辛かった。

ほんのときたまだが、「まともな女」もいた。ところがそういう客は概して、「セックスしてくれ」と恥ずかしくて言い出せなかった。しかしそれで何もしないで九〇分間過ごすと、戻ってから店に苦情の電話が入る。店主はキツイ性格の初老の女性で、頭ごなしに罵倒された。客のほとんどが中高年だ。自分の母親と同い歳くらいの女をリードして、セックスに誘うのは苦しかった。

「もう完璧に病んでたんだと思うんだよね。もう、男相手の方が楽じゃないのかなって考えて、それで新宿二丁目の店に面接に行ったら雇われ店長のおじさんが出てきて、やっぱりゲイの人って優しいんだよね。出張ホストやっていろいろあってって話したら、苦労したのね、大丈夫、ココは世界で一番優しい場所だからって」

その言葉が響いて、駒井は新宿二丁目で働き始めた。最初の客は彼曰く「ザ・オッサン」的な、四〇代とおぼしき中年男だった。ハゲでデブ、汗臭く不潔なその男にビールを交互に口移しで飲ませ、飲まされた。

男娼は一〇人ほどいて、中でも比較的普通っぽい男に「まだ抵抗があって」と相談すると、「何言ってるの。この店は楽だよ。ケツを掘られるわけじゃない、フェラチオでいかせてやればいいんだから。抵抗があるんだったら、(精液を)ベロの上じゃなくて下で受ければいいよ。そうすれば苦くないから」と平然と言った。

毎夜閉店間際になるとひとりのヤクザがやってきた。「みかじめ料」を取りにきたのかと思っていたが、「みんな来い」と店の男たちを連れて飲みに出かけた。酒を飲ませてくれるだけでなく小遣いまでくれるという。駒井は怖くて行かなかった。後から聞くとやはりヤクザはホモで、店の可愛い男の子を抱くのだという。それが「みかじめ料」だったのだ。

一〇日ほどいた。客に性行為を求められることもあったが、何とかごまかして逃げた。ところがある夜、しつこい客に迫られ断り続けているうちに終電を逃してしまった。面接してくれた優しいおじさんに「帰れなくて」と言うと、「寮があるのよ。泊まっていきなさい」と言われた。

新宿二丁目の雑居ビルの中の一室。ドアを開けると二〇畳ほどの大広間、目を凝らすと真っ暗な中、七、八人の男たちが全裸で絡み合っていた。ああ、こいつらはやっぱり本物なんだ。そういう連中が働く場所なんだと思ったら怖くなって逃げ出していた。以来、駒井は新宿二丁目に近づいたことがない。

その直後、テレクラ時代の同僚から連絡があって、「ホテトルで働いてるんだけど、楽だから来ないか」と誘われる。そして話は戻る。

例のホテトル同士の諍《いさか》い事が終わり、経営者の元若頭に「やる気があるなら金を出してやる」と言われた駒井は、商売を始めることを決意する。まずは繁盛していそうな風俗店を探し、素人のふりをして店員として雇われ潜入した。そこでノウハウを覚えようとしたのだ。その頃はやっていたのはビデオボックスに手コキ（女性が客のペニスを握って擦り射精させるサービス）が付くというものだった。

ビデオボックスとは個室にビデオデッキとアダルトビデオが設置されたもので、客はオナニーするために来る。四、五時間いても料金は二〇〇〇円ほどと安いこともあり、終電を逃した酔客も利用して、九〇年代前半くらいまではかなり繁盛した。ネットカフェやマンガ喫茶が登場して廃れてきたところで、誰かが風俗嬢のサービスをプラスすることを思い付いたのだろう。

働き始めてしばらくして、駒井はその店に、自分がいたホテトルよりはるかに容姿のいい、しかも素人っぽい女たちがこぞって応募してくることに気付いた。先に書いたように駒井の店は元若頭の妻がかつてAV女優だった関係で、AVプロダクションから女が派遣されてきた。彼女たちも一般の風俗嬢よりレベルは高かったが、ビデオボックスに来る女はそれ以上に清楚な美人が多かった。

なぜだろうと考えて、そうか、脱がなくていいし客から体を触られないからだと気付く。ホテトルは違法店だから本番がある。ゆえに当然、客に裸を見せなければならないしキスも愛撫もしなければばならない。女性器をまさぐられることもあるし、フェラチオを要求されることもある。ところがビデオボックスは単に客のペニスをしごくだけだ。

女は、特に風俗未経験の場合、やはり裸になることに抵抗がある。汚い中年男とキスしたり、触られたりするのも嫌だ。でも金は欲しいから風俗に来るのだ。

だから「脱がなくていい」「触られない」「客の性器を舐めなくていい」という三つの条件が整えば、いい女は自然に集まる。

しかもそれがスタンダードになれば、店にはさらに旨味が生まれる。オプションを付けられるからだ。嬢がトップレスになるのにはプラス四〇〇〇円、バストにタッチしたいなら六〇〇〇円、フェラチオで抜いてほしいなら一万円とか。

これは客だけでなく嬢にも効く。未経験者の娘がしばらくして慣れてきたところで、「もう少しお金欲しいよね。オッパイ見せるだけで、一人につき四〇〇〇円儲かるよ」と持ちかけることができる。言わずもがなだが、嬢がこの最初のハードルを越えたら、バストタッチ、フェラチオと、店は新たなハードルを持ちかける。

その構図だけわかれば長居は無用だった。駒井はビデオボックスを辞め、風俗店経営に乗り出す。元若頭は、最終的には一〇〇〇万円出資してくれた。駒井は、

「その元若頭が後ろ盾になってくれたから店を出せたんだよ」とも言う。

「当時はヤクザ関係に人脈がないと、風俗街での新規参入は難しかったから」

駒井が始めたのはビデオボックスではなくオナニークラブ、通称・オナクラだった。

オナクラとは、客が自分でマスターベーションするところを、女の子に見てもらう風俗である。基本的に風俗嬢は何もしない。脱ぐこともない。着衣のまま、客がペニスをしごくのを眺めるだけである。

一般の人には最もわかりにくい性風俗だろう。そんなことが商売になるのかといぶかる人もいるはずだ。ところがこれがはやった。駒井の店も成功し、池袋、新宿、渋谷、秋葉原など、最終的には都内で六店舗を展開するに至る。

時代が変わったのだ。二〇〇八年前後、「草食系男子」という言葉が巷を賑わせた頃だ。セックスに対してガツガツする男が減った。その傾向に不況とデフレスパイラルが拍車をかける。ソープランドやホテトルなど、高い料金を払って本番行為を求める男たちに代わり、安い料金で直接的な接触を避け、生身の女性をまるでグラビアやテレビ画面に映るＡＶ女優やアイドルに見立て、

オナニーしたいという男が増えたのだ。

もちろんここでも、駒井がビデオボックスで会得した性産業の構図は生かされる。風俗嬢は脱ぐこともなく、今度は客のペニスに触る必要もないのだから、ますます応募女性のレベルは上がった。しかもスタンダードはさらに下がったわけだから、オプションも数多く付けられる。風俗嬢がバストを露出する、互いにオナニーをして見せ合う、嬢が手で客の性欲を処理するなどをはじめ、嬢が客の耳元でエッチな言葉を囁きオナニーの手伝いをする淫語トーク、客のマゾ性を刺激するため「このバカ、お前は変態だね」と客を罵倒する言葉責めなどが人気を呼んだ。

駒井の商売は、まさに時代の波に乗った。

全六店舗で、風俗嬢は各店に三〇名から四〇名。

「サービスがソフトだから、女はいくらでも集まった」と言う。

コースは最低が三〇〇〇円から始まり五段階、一万五〇〇〇円まで。一店舗一日の来客数はざっと一〇〇人。高いコースを選ぶ客はほとんどいないので平均の支出額は三五〇〇円程度。一店舗の売り上げが三〇万円前後。六店舗合わせると最低でも一日一五〇万円は売り上げた。

「駒井さんは具体的にはどういう仕事を」と聞くと、

「何も」と答えた。

一店舗に店長一人の体制。他に従業員はナシ。店の掃除から売り上げの計算、嬢の面接まで店長にやらせた。

駒井はほとんど遊んで暮らした。ベンツのCクラスに乗り、グアムやフィジー、モルディブなど海外旅行へ頻繁に出かけ、月に数回は六本木へ繰り出しキャバクラで豪遊した。その際にはセカンドバッグに現金を入れ、ひと晩に平然と一〇〇万以上使った。

すべてがうまくいっているはずだった。

問題があるとしたら警察の摘発だった。しかしそれも駒井は切り抜けているつもりだった。派手にやっていると当然目は付けられる。しかも駒井の店は元ヤクザの息がかかっていることもあり、無許可店だった。六店舗のうち、一店舗、また一店舗と摘発を受けるようになる。その際、逮捕されるのは駒井ではなく店長だ。そのために、「従業員」ではなく「店長」にしているのである。釈放されたら別の店舗で「店長」にする。二度目まではそれでごまかせる。三度目以降はさすがに表には立たせられないので、仕方なくマネージャーというような肩書きを与え、裏で働かせた。

他にも出会い喫茶を経営してカモフラージュした。出会い喫茶とは男女の出会いの場を提供するというものだが、実際はオナクラの風俗嬢をサクラとして派遣して、客をひそかに店に呼び込んでいた。

しかし摘発は止まらなかった。それまでは一店舗摘発され、ほとぼりが冷めて再開したところで別の店舗がというペースだったのが、二店、三店と立て続けに摘発を食らうようになった。

決定的に「これはおかしいぞ」と思ったのは、渋谷店が地元の渋谷署につぶされ、そのまま新宿店、秋葉原店と摘発を受けたときだ。所轄署が管轄を跨いで摘発するのは普通あり得ない。完壁に、悪質だと睨まれマークされていた。

六店舗すべてが摘発されるまでは、まさにあっという間だった。駒井はマンションに帰らず、都内のホテルを転々とする生活を始める。自宅の駐車場に車を入れるとき、人影を見るようになったからだ。私服刑事が張っているのは明らかだった。

二〇一〇年の年末だった。

「赤プリやオークラなんかを泊まり歩いてたんだけど、突然『本日は満室でございます』って言われて、そうか、クリスマスかって気付いた。だから仕方なくサウナに泊まって、そのまま年を越したのを覚えてる」

逃亡生活は三カ月に及んだ。

それでも、駒井は楽観的だった。春になればほとぼりも冷めるだろう。店舗は残っているし金もある。またやり直せばいいさ、と。

三月も下旬になったある日、夜明け前にマンションに戻り、横になったところでドアが乱暴にノックされた。オートロックのマンションだから、明らかに異様なことだった。令状を持った刑事が五、六人入ってきて、パソコン他、証拠品をすべて押さえられる。

「そのときは、一人暮らし」

「いや、籍は入れてなかったけど、今の嫁と暮らしてました」

「奥さん、どうだった」

「驚いて、泣いてたね」

駒井はそのまま渋谷署に連行された。

罪状は風営法違反。まずは無許可営業、さらに出会い喫茶など一部の店舗の許可取得虚偽・名義貸し（店長の名前で許可取得していた）など。

それでも、普通なら二〇〇万円以下の罰金刑だ。しかも警察はバックに元若頭がいることをつかんでいた。ただ、駒井は最後まで口を割らなかった。

「俺は義理もあるし、尊敬してましたから」

「やっぱり、その元若頭って怖い人なの」と聞いてみた。だから彼の名前を出さなかったと思ったからだ。

「いや、そんなことはない。見た目では元ヤクザには絶対に見えないですよ。一言で言うとジェントルマンだね。俺たち下の者にも、敬語こそ使わないけど丁寧だし。まあ、そこが逆に怖いといえば怖いんだろうけど。警察に名前言ったからって、どうこうするような人じゃない」

勾留は原則一〇日だが、裁判所に一〇日延長されると最長で二〇日になる。駒井の場合は六店舗分の容疑で勾留されていた。ひとつの取り調べが終わるたび、署の敷地から「ハイ、一歩出て」と言われ、戻って別の店の件で再逮捕ということが繰り返された。

店の名義などは細かく分け、虚偽の名義貸しなどで隠蔽していたが、警察はすべて把握していた。電話連絡も、「飛ばし」と呼ばれる他人や架空名義の携帯で行っていたにもかかわらず、取り調べ室には分厚い通話記録が積み上げられていた。派手にやっていたから狙い撃ちされたのか、あるいは同業他社の密告があったのではないかと駒井は考えている。

「結局ね、俺たち新規参入組ってのはつぶされやすいんだ。風俗街で古くからやってるところは絶対にそんな目には遭わない」

「つまり、警察と風俗ってズブズブの関係だっていうこと」

「警察とはうまく付き合えっていうのが、風俗業者の鉄則なんだ。でも、ヤクザには警察が好きなヤツと嫌いなヤツがいる。好きな連中は飲みに行ったり接待したりするんだろうけど、ウチの人（元若頭）は嫌いだったんだな。だから一切付き合わなかった」

結果、懲役一年の実刑が言い渡される。駒井は初犯の受刑者が収監されることの多い、静岡県の静岡刑務所に送られた。

半年後、仮釈放で出られたが、財産は不当に取得したということで、すべて没収されていた。店舗などの各種不動産も、名義借りや架空名義にしていたこともあり、何も残らなかった。没収に関しては実は法律が制定されたのがその後であり、裁判を起こせばいいという話も聞いたが、駒井にそんな気力はもう残っていなかった。心は、完全に折れていたのだ。

唯一残ったものがあったとしたら、後に籍を入れた妻である。

「奥さんは、どういう人なんですか」と聞いてみた。

「高校の同級生なんだよね」

意外だった。何となく、風俗時代に知り合った女性だと思っていた。

「高校の頃は口をきいたこともなかったんだよね。オナクラやってたときに地元で同窓会があって初めて話して。嫁も東京でOLやってたからまた会おうか、みたいな。俺、その頃羽振りがよかったでしょう。いろんなもの買ってやったし、海外旅行とかもよく行ったし。だからパクられて金なくなったら捨てられると思ってたんだけどね。うん、なぜかそうはならなかったね」


出所後の駒井は妻と二人、西武線の恋ヶ窪に1Kの安いマンションを借りて暮らし始める。それでも会社勤めの妻の給料だけではやっていけないので、夕刊紙の三行広告でデリヘルドライバーの職を見つけた。事務所は三鷹にあった。車は自分持ちという条件だったが、妻がスズキの軽自動車ワゴンRを持っていたので、それを使った。

「風俗に復帰して、何か感じたことはありましたか」と聞くと、

「女の子が変わったよね」と言う。

ホテトルの頃はまだバブルの残り香があった。ブランド物が欲しいとか、ホストに貢ぐとかそういう女が多かった。オナクラの時代になると、「コスプレをしたいから」という理由で風俗に来る娘が現れだした。「女にもオタクがいるんだ」と思った。それが、駒井が刑務所にいる間にすっかり変わっていた。

真面目な娘がほとんどだった。親の借金を返したい娘、大学の授業料を自分で稼いでいる女子

大生。この国は、いつの間にこんなふうになってしまったんだ。ハンドルを握りながら駒井は思った。まるで、浦島太郎になったような気分だった。

出所後、元若頭の下に戻って、もう一度風俗店経営に乗り出すということは考えなかったのだろうか。

「それはないです。あそこで、逮捕されたときで俺の人生は終わったと思ってるから。あのとき死んでいても別によかったかなと思う。今の人生は、禊《みそ》ぎのようなものです」

駒井がすべてにおいて自分の人生を他人事のように語る意味が、少しわかったような気がした。

インタビューを終えようとして、

最後に「デリヘルドライバーをやっていた時代に、一番印象に残っていることは」と聞いてみた。

「桜だね」

と、駒井は答えた。

逮捕される前、クリスマス前からずっと逃亡生活を続けていた。そして三月の末、未明に自宅に戻り、寝入りばなを踏み込まれた。警察車両に乗せられ渋谷署に向かう途中、夜が明けた。虎ノ門のホテルオークラからアメリカ大使館へ向かう辺り、車窓の向こうに満開の桜が見えた。東京に来て、初めて桜を見たような気がした。

「そんなことはすっかり忘れていたんだ。デリヘルドライバーを始めてひと月くらいかな。やっと慣れてきた頃だった」

練馬の方の客に女の子を送り届けた。「着け待ち」といってプレイが終わるまで待機することになる。しかしそこは住宅街で、長時間止めていたら職務質問に遭うか、下手すると不審な車があると通報されかねない。前科のある駒井には避けたいことだった。

コンビニの駐車場にでも行こうと車を走らせていると、何か公共施設のような場所に駐車スペースがあったので、そこで止めた。さっきの女の子から携帯に電話が入り、「延長になりました」と言う。電話を切り、仮眠した。

目が覚めると夜が明けかかっていた。なぜか、車の外からかすかに射す光に違和感があった。外に出てわかった。目の前には区民体育館とグラウンドがあり、満開の桜が、屋根のように駒井の車を包み込んでいた。

いつに間にか、逮捕されたあの朝から一年が過ぎ、春になっていたのだ。

「ああ、桜って今年も咲くんだな」と、ぼんやり思ったという。

「来年も咲きますよ」と言うと、

駒井祐二は「そうだね」と笑った。

第2章

スピードが命

「デリヘルドライバーはスピードが命だから」

開口一番そう言った。

楠田一真は運転のプロだった。十一トン以上のトラックにも乗れる大型免許に、観光バスを運転できる大型二種も所有している。今回出会った中で、最もデリヘルドライバーらしいデリヘルドライバーともいえた。

「デリヘルは七、八店舗かな。いや、もう少しあるかもしれない。一日で辞めたところもあるからね。ちゃんと覚えてない。いろんな店をやったよ。違法なところもある。すげぇとこがあったな。女の子の待機所が渋谷で、事務所が新宿だった。一〇時間勤務で一日一万五〇〇〇円くれたよ。なんでそんなにくれるかというと超高級店だったから。店のシステムが最低料金で九〇分三万五〇〇〇円、それにプラス交通費五〇〇〇円。客は最低でも四万円払うわけ。つまり、女の子のレベルが半端なく高いんだよ。

俺から見て、うん、イイ女なんじゃないの。その辺を歩いてる娘とはランクが違うね。裏で芸能プロダクションと繋がってたからさ。要するに、よく知らないけど売れないグラビアアイドルとか、レースクイーンとかじゃないの。店は客によって値段決めてたよ。金払いそうなのには吹っかける。事務所にはオペレーターが五、六人いてさ、『前回A子ちゃんご指名いただきまして、ありがとうございます。今度B子ちゃんて娘が入りまして、綺麗な娘ですよ。スタイルは最高です』なんて営業してた。そういう店。

その事務所ってのがすごかった。オートロックの高級マンションでさ、俺たちドライバーはインターホンの押し方が決まってるわけ。二回続けて押して、もう一度押す。完全な売春店だからね。これが『大丈夫です』『尾行ついてません』の合図なわけ。監視カメラはあるけど、後ろに警察が隠れてる可能性もあるでしょ。だからそうやって警戒してる。怖い連中がやってるって。そうじゃないの。詮索しなかった。俺、ヤクザとかまったく興味ないから。俺は俺ができる最高の運転をして、給料がもらえればそれでいい。他は何も考えない」

楠田一真に話を聞いたのは、歌舞伎町にある二四時間営業の喫茶店だった。早朝六時。そのとき彼が勤めていたデリヘルが新宿にあり、夕方五時から朝五時までの勤務だったからだ。

店内は明らかに堅気ではなさそうな、趣味の悪いスーツに身を包んだ男やその連れのホステス風、あるいは朝まで遊び続けていたであろう日サロ焼けの少年や金髪の少女たち。誰もが疲れ切った表情で椅子に沈み込んでいる。

そんな中で楠田だけが、少しの疲れも見せずにしゃべり続けた。それを言うと、

「疲れることなんて何もないでしょ」と、こちらを小馬鹿にしたような口をきいた。

「楽な仕事だよ、デリヘルドライバーなんて。運転するのに疲れるヤツなんているの。使うの頭だけでしょ。それで疲れるようなヤツだったら辞めた方がいい。ドライバー、向いてないよ」

すべてにおいて自信満々、自分が正しいと信じて疑わない。確かに頭はよさそうだ。そのせい

か、時々人を食ったような口のきき方をする――これが楠田の印象だった。

ただ、なぜか憎めない。その理由はインタビューの後半に明らかになる。

「少し、生い立ち的な話もうかがいたいのですが」と言うと、

「それ、聞く」

と口の端で笑った。


一九七七年生まれの四〇歳。独身である。

「近郊の中流家庭で育った。小中と地元の公立校で、高校だけ都内の私立。親父が警察官なんだよ。だから卒業して、あまり考えずに県警と警視庁を受けたんだ。ただ、ちょうど俺たちの頃って就職氷河期でね。バブル崩壊の少し後でしょ、特に公務員の求人が極端に減ったんだな。だから両方とも門前払い。今さら大学も行けないし、旅行が好きだったから、トラベルビジネス科の専門学校に行った。旅行業務取扱管理者の資格を取って、旅行会社に入れればいいかなと思ってね」

旅行好きというのは、鉄道好きでもあった。楠田は全国のさまざまな電車に乗ることを好む、いわゆる〈乗り鉄〉と呼ばれる鉄道マニアだ。メカニックな意味での電車も愛していた。だから運転士にも憧れ、専門学校を卒業したときは鉄道系も受けた。

「だけどこれもまた全滅でね。JR他、私鉄各社に資料請求したけど返事が来なくて、京成電鉄だけが保線（線路の保守・維持）だったら募集してますよって。なんで俺が保線やらなきゃなん

ないの。俺がやりたいのは運転なんだよって。それで、不動産会社にもちょっと興味があったんで入ったんだ」

専門学校時代、途中から一人暮らしを始めた。たまたま入った不動産屋でスタッフが電話でテキパキとやりとりしてるのを見て、何となくカッコイイなあと思ったからだという。

ところが、入ったところは電話営業の投資向けマンションの販売会社だった。

「麻布や広尾の何千万もする高級物件だよ、二〇歳の若僧が電話営業で売れるわけないじゃん。おまけにすげえ体育会系の会社で、やってられねえよって一週間で辞めた」

次に、売るのは無理だけど貸すのは楽勝だろうと、賃貸の不動産会社に入る。

「ここはよかったね。というのは俺、客じゃなくて大家に営業したんですよ。客は『この物件いいですねえ、ちょっと考えさせてください』って、そう言いつつ逃げるでしょ。逃げられちゃったら今までその客にしてきたことがパーになる。契約手数料もらえないでしょ。でも大家さんは逃げないからさ。必ずそこに住んでるんだから。それで成績上げてた。まあ一年働いて、夏のボーナスで一〇〇万出たから気持ちが大きくなって辞めたけど」

楠田は以降も、このように会社をすぐに辞めてしまう。あまりにこらえ性がないのではとも思うのだが、本人は、

「俺はすぐ辞めるよ。特に上司がバカだったりすると、『辞めまーす』ってね。相手のことなんて気にしない」と涼しい顔で言う。

とはいえ、それなりの理由もあるようだ。

「その、二番目の不動産会社は上司が本当にいい人だったの。俺に限らず部下をちゃんと守ってくれたからね。仕事もすごくできる人だった。逆に出来過ぎたんだろうね、上に睨まれて左遷された。だから辞めた。そんな会社にいても未来はないじゃん」

次は専門学校時代に取った資格を生かして、観光バス添乗員の派遣会社に入る。給料は安かったが、もともと旅行が好きだった彼にとっては楽しい職場だった。仕事で旅に出られるし、添乗員は客を引っ張ってきてくれるため、各地の土産物屋から優遇された。帰りには必ず名産品を「お土産に」と渡され申し分ない仕事だったが、休日に大きな怪我を負ってしまう。

「パチンコでも行くかってバイク乗ってたらＢＭＷに突っ込んじゃったんだ。大腿骨骨折で三カ月入院したかな。退院してからもしばらくは片足引きずるような状態だったから、添乗員は無理でしょう、それで辞めた。補償、ないない。バイトみたいなもんだから」

入院中、ベッドに横たわりながら思った。「やっぱり俺は、運転がやりたいんだ」と。

添乗員もよかったが、運転手と比べると明らかに格差があった。それは給料や待遇ではなく、ステータスの問題だった。時々可愛らしいバスガイドと一緒になったが、彼女たちは巨大なバスを自在に操ってみせる運転手を、羨望のまなざしで見つめていた。若い女の子というのは、運転がうまい男をカッコイイと思うものだ。

添乗員なんて見向きもしてくれない。そこで楠田は、リハビリ中に大型免許を取った。

好きこそものの上手なれというが、彼には運転の才能があったようだ。大型免許も、後に大型二種も、運転免許試験場で一発合格した。

「ところが免許を取っても、大型（車両総重量が十一トン以上など）ってなかなか乗れないんだよ、経験がないと特にね。二トン、四トンならいくらでも仕事はあるんだけどね。ただし、佐川急便系は仕事キツイらしいから経験者は行かないんだ。だから未経験でも採用してくれる。すぐ入れてくれるって言うから行ったよ。覚悟はしてたけど、やっぱりキツかったね」

楠田が配属されたのは東京―名古屋便。まずは東京のターミナルで、いわゆる佐川の「セールスドライバー」が二トン車で各地から集めてきた荷物を、約七時間かけて積み込む。夕方から始めて深夜〇時過ぎに終了。そこから東名高速を名古屋まで走る。荷下ろしの場所は一カ所だけではない。数カ所回って朝八時頃終了。給油所で軽油を入れ、シャワーだけ浴びて眠るのはトラックの中。起きると再び七時間かけて積み込みをして、東京に戻る。その繰り返し。肉体的に限界を迎えながらも時間に追いまくられる。荷物を積み込みながら、気が付くと涙が流れていたこともあった。

そうやって約半年経験を重ね、積み込みをしなくていい、大型トラックの運転だけできる会社に就職できた。ところが一年ほど勤務したある日、不動産会社時代の先輩に誘われ、楠田はテレクラで働き始めてしまう。これが、デリヘルドライバーへと続く性産業への入口だった。

「日給一万三〇〇〇円だぞっていう誘い文句に釣られたんだな。大型トラックの方は、自分でもかなり走れるなって思えるようになってたからね。戻ろうと思えばいつでも戻れるって。テレクラ、うん、もう下火にはなっていたけど、まだ出会い系サイトとかはなかったから、そこそこ客は入ってたかな。ちょうど夏前くらいでね、冷房の効いた部屋で体も動かさないし、楽な仕事かなって思ったんだけどね」

ところが入ったのは都内と近郊に数十店舗展開するグループ企業で、社員たちは非人間的に管理されるブラック企業だった。

「突然チェックに来るからね。それで重箱の隅つつくみたいに嗅ぎ回られてさ、金銭不正とか職務怠慢ってことにされる。金が合わないだけで泥棒扱いだから。そのとき店にいた人間、全員本部に連れていかれて、店長クラスは一〇〇万円とか罰金払わされる。俺を誘った先輩は実際払わされてたからね」

なぜそんなことになるのかというと、本部がチェーン店を地域で北と南に分け、お互いに監視させ合うからだ。相手の落ち度を見つけると自分たちの成績となる。だから容赦がなかった。

「創業者ってのがカリスマって呼ばれてるヤツでさ、テレクラ以外にも居酒屋チェーンとかいろいろやってる。社員にトイレ掃除やらせて『終わりました』『綺麗になったか?』『ハイ』『じゃあ便器舐めてみろ』っていう。これ、伝説じゃなくて実話だからね。そういう会社だからさ」

楠田もまた、そんな社員同士の密告合戦の中で辞めることになる。

「それでも俺は上司に恵まれて一年半くらいは普通に仕事できたんだけどね。川越の小さな店に異動になって、そういうとこだと閉店間際はもう店員は俺ひとりなんだよ。だから金の計算して掃除もしなきゃってすげえ忙しいときに限って、フリーの客が来るわけ。『テレクラ初めてなんですけど、システム教えてもらえませんか?』ってね。大抵の従業員は面倒臭いから『お客さん、もう三〇分で閉店ですし、女の子からの電話もかかってきませんよ』とか言って断っちゃうわけ。ところがそいつはスパイなんだよ。ひどい会社でしょ。だからそうやっていい加減に対応した途端、『はい、両手挙げて、一切触るな!』となる」

確かにひどい会社である。まるで警察の現行犯逮捕だ。「楠田さんもそれをやられたんですか」と聞いた。

「いや、スパイは何度か来たけど、先輩から聞かされてたから引っかからなかった。ただ、ある日南側の幹部のヤツが、数人子分を引き連れてきた。俺の店、川越は北なんだよ。だから敵対する側の幹部だね。二〇歳そこそこの若僧なんだけどさ、全権任されてるからって調子に乗ってたよ。『動くな、チェックするぞ』ってダーッと部屋を回った」

テレクラでは個室でアダルトビデオを観賞できる。当時はネット動画ではなくまだビデオデッキの時代である。ある客がマスターベーションをして精液を拭き取ったティッシュを、なぜかデッキの後ろに隠していた。常連客だと顔を覚えられているので、ゴミ箱に捨てると後で店員が掃除したときに見つかり、「あいつ、オナニーした」とバレるのが恥ずかしい、そう思ったのかもしれない。

迷惑な話だが、従業員は普段はデッキの裏側までチェックしたりしない。南側幹部の若僧は勝ち誇ったように精液付きのティッシュを摘んで楠田の眼前に突き付け、

「何だこれは」と鼻で笑った。

清掃不備及び職務怠慢。日給一万三〇〇〇円のところ八〇〇〇円に減給されたうえ、〈川越店・楠田一真、減給処分〉と全店舗にファックスが送信された。

さすがにこれは頭にきた。

「晒し者だよ。恥をかかされるわけだ。なんでそんなことする必要あんの。心底くだらない会社なんだなって思って、見切りをつけて辞めた」


テレクラを辞めた楠田は、夕刊紙『東京スポーツ』（東スポ）の三行広告で見つけた歌舞伎町の風俗案内所で働く。風俗案内所とは盛り場の入口にあり、ソープランドやファッションヘルスなど各種風俗店と提携。やってきた客に店を紹介する場所だ。

なぜ好きなトラック運転手の仕事に戻らなかったのかには理由がある。

「テレクラの前にやってたトラックってのが、ヤマト運輸系のところで、すごく待遇よかったんですよ。積み込みは全部、若い専任のアルバイトの子たちがやってくれる。ドライバーはその間、運転席で寝てられるんだ。でもさ、自分より若い連中が一生懸命働いてくれてる間、遊んでるの

も何となく気が引けるじゃない。だからって手伝うわけにもいかないしさ。じゃあ、せめて俺は勉強でもしようかなと、殊勝な気持ちが芽ばえたんだな。この際だから宅建の資格（宅地建物取引士・不動産取引法務の国家資格）を取れないものかって、本を買って積み込みの間に読み始めたんだ」

大型トラックの運転への情熱もそうだが、楠田は自分が興味のある分野にはとことん集中してしまうタイプのようだ。市販の試験用教科書だけでは飽き足らず、テレビ・コマーシャルなどでよく流れている通信講座も始めた。すると、ますます知識を得るのが楽しくなり、最後はトラックの仕事も辞め、毎日ファミリーレストランに通い詰めて集中して勉強した。

無事試験を終え、結果が出るまでしばらく時間があったので、東スポで仕事を探したのだ。東スポに限らずスポーツ紙には、ソープランド、ピンクサロン、店舗型ヘルスなど、性風俗のスタッフ募集の求人広告がずらりと並んでいる。試験はないし資格も必要ない。面接にさえ行けば（よほど人間性に問題があるとか、アルコールや薬物依存症などでない限り）即決で採用が決まる。実に簡単に就職口が決まるのが、性産業のいいところなのだ。

そうやって楠田は風俗案内所で働き始める。宅建資格試験も無事合格した。

「その頃には案内所の同僚やキャバクラの客引きの兄ちゃんたちと仲良くなってたんで、『おめでとう！』って、お祝いしてもらったな。それは今でもいい思い出だよ」

案内所の仕事は楽しかったものの、せっかく宅建士の資格を取ったこともあり、楠田は一年後再び不動産業界へと戻る。ところが今度は世の中の状況自体が変化していた。

「それが二〇〇四年くらい。要するに景気が本格的に悪くなってたんだな。分譲マンションを販売する小さな会社だったんだけど、入った月から給料が遅れるんだよ。交渉しても無い袖は振れないってことで、結局三カ月で辞めた。その頃からもう不動産業界はヤバくなってたよね。就職活動しても面接までもいかない。履歴書送ってくださいで終わっちゃう」

「宅建士を持っててもだめなんですか」

「だめというか、むしろ逆だね。宅建士には宅建手当というのが支払われるんですよ。会社はできればそんなの払いたくない。不動産屋って社員が五人いたとしたら、宅建士は一人いればいいいんだよ。営業マンさえいればいい。借り手や買い手をつかまえて、いざ契約というときだけに必要なのが宅建士だから。体力あって給料安くていい若者と、パートのおばちゃんで成り立っちゃう」

それでも何とか就職活動を続け、大手ハウジング会社と提携する不動産会社に入ったときのことだ。

「都内物件数ナンバーワンってとこだったからさ、正直なところ入れてすごく嬉しかったんだよ。よし、ここに腰を落ち着けて頑張ろうと。二日間研修受けて中野の支店に配属された」

その初日、挨拶を済ませると店長は「とりあえず今日は雰囲気つかむために見ててくれればいいから。経験者だから大丈夫だろう」と言い、二人は雑談していた。すると不動産屋なので当然電話が鳴る。相手は客なので楠田は丁寧に応対していた。それを何度か繰り返していると、店長が突然怒りだしたという。曰く「楠田くんさあ、今俺と話してるんだよね。上司としゃべってる途中に電話取るってどういう神経してるんだ」と。

「びっくりしたよね。テレクラだって客電はスリーコール以内で取れって言われたよ。当たり前じゃない。どこの世界に客より上司を大切にする商売があるってんだよ。結局、店長がバカってこともあるんだけど、一事が万事だったよ」

一日支店を眺めていたらすぐにわかった。そういう社内の序列や上役のプライドだけにこだわって、肝心の仕事は少しも進んでいなかった。

「で、店長が言ったね。『楠田くん、ちょっと早いけど今日は初日だから帰っていいよ』って。時計見たら夜の七時だよ。こっそり近くの先輩に『いつも何時くらいまで働いてるんですか』って聞いたら、『だいたい夜の十一時くらいかな』って言われて。こりゃだめだって思ったね。翌日本社に電話してさ、『あんなバカな店長の下では働けません』って、速攻で辞めた」

次に出会った仕事がデリヘルドライバーだった。

見つけたのはやはり東スポの三行広告である。その頃になると楠田にはもう、就職活動がとことん無意味に思えていた。一生懸命履歴書を書き、何社にも送って返事が来るのは一社あればいい方。面接を受けても採用されるかどうかわからない。それに比べ、東スポで見つける風俗店なら即採用だ。給料も、ほとんどの場合日払いである。仕事を転々として貯金などない楠田にとっては、これもありがたかった。

「デリヘルドライバー。へえ、そんな仕事があるんだあって感じだよね。俺、運転好きでしょ、好きなことで金もらえるんだあって。しかも店舗スタッフより給料いいんだよ。日給一万二〇〇〇円って書いてあった。車は自前。その頃すでに車は持ってたし、ガソリン代も込みだけど、まあそんなに使わないからね。というのは家の近くだったたんだよ。面接に行ったら女の子の待機所なんて目と鼻の先で、『自宅待機じゃだめですか』って言ったら『いいですよ』って。これも楽だった。部屋でゴロゴロしてて、電話が鳴ったらいざ出動。消防士みたいにさ」

そこは出稼ぎの韓国人女性が働く、いわゆる韓国デリヘル（通称・韓デリ）だった。経営者の中年女性も韓国人で、働く嬢の中にはビザが切れて不法滞在状態の者もいた。だからドライバーがドア・ツー・ドアで送り迎えする必要があったのだ。ただし小さな店であまりはやらなかったこともあり、経営者は三カ月ほどで店を閉めてしまった。

次に見つけたところが、楠田が冒頭で語った店である。違法な高級売春デートクラブだ。客は渋谷や新宿のシティホテルから女性を呼んだ。

「さっき言ったインターホンの押し方もそうだけど、ここでは妙な経験をいろいろしたよ。例えばホテルへ延長料金だけ取りに行かされるんだ。客は金持ちだからどんどん延長して、女の子を朝までとか拘束しちゃうんだな。女の子はずっと部屋にいるわけだから、俺たちドライバーが金だけもらいに行く。それが一回で二〇万なんてこともあった。そのせいだろうね、採用時に承諾書書いたり身分証のコピー提出させられたりした。きっと金を持ち逃げするヤツがいるんだろうな。俺はそんな面倒なこと嫌だから『じゃあ結構です』って帰ろうとしたんだけど、『いや、決まりなんで』って、最後は説得されて書いたけどね」

本人がどれだけ自覚的かはわからないが、楠田の一連の職業遍歴は、日本全体の経済や風俗の流れと見事に合致していて興味深い。

警察官だった彼の父親の口癖は「職に困ったら警官になればいい。あんなもの誰だってやれる」だったそうだ。しかしバブルの崩壊以降一変する。山一證券のような一流企業でも倒産する時代になった。安定した給与がもらえてつぶれる心配のない公務員は、そう簡単になれる職業ではなくなった。また冒頭で楠田が語ったように、人口の減少で求人自体も減った。

バブルの元凶は土地と不動産だったわけだが、それらに対する日本人の幻想は根強く、しばらくの間はしぶとく生き延びたものの、二〇〇〇年を境に堰を切ったように急降下した。楠田はまさにその期間に青春期を過ごしたのだ。

そして歌舞伎町の風俗案内所で働いたのが二〇〇二年頃。同年のサッカーW杯日韓共催を機に、警察や地域社会からの風俗店舗への締め付けが厳しくなり、都内では風俗店の廃業や転業が目立ち始める。

以降はプロローグでも記したことだが、二〇〇三年、当時の東京都知事・石原慎太郎が二〇一六年の東京オリンピック招致を提唱。それに伴い「歌舞伎町浄化作戦」と称される大規模な風俗店の摘発が行われた。二〇〇五年には都条例による「店舗型風俗店」の新規参入が禁止され、続く二〇〇六年には大幅改正された「風適法」が施行される。

以上の動きによって、歌舞伎町をはじめとする盛り場からは「箱型ヘルス(通称・箱ヘル)」と呼ばれる店舗型風俗店が一斉に姿を消し、その代わりに、楠田のようなドライバーが風俗嬢を客の元に送り届ける「デリヘル」が新たな業態として生まれるのである。

当初は楠田が働いた二軒目の店のように、富裕層相手の高級店志向も残っていたようだ。しかし景気が下降し続け、デフレスパイラルといわれるようになると風俗店も廉価化が進み、客は金のかからない自宅や安いラブホテル、レンタルルームなどに風俗嬢を呼ぶようになり、デリヘルは一気にブームとなる。

そんな状況を象徴するのが、楠田が次に勤めたデリヘル店だろう。

「強烈に稼働してる店だった。というのはとにかく店長が頭の切れる男でね。元大学の先生。当時まだ四〇歳そこそこだったから、教授じゃないよね。准教授とかじゃないかな。何でそんな元先生がデリヘルの店長やってるのかわからないけど、まあ、すべてにおいて見事だったよ。まずは三軒先まで配車を組むんだ。つまり女の子は常時二、三人車に乗ってるわけ。例えば練馬でA

子さんを拾って石神井《しゃくじい》へ送って、その足でB子さんを阿佐ヶ谷へお願いしますとか。全部ローテーションが事細かく作られてる。その店長に言われたんだよ、『楠田さん、デリヘルドライバーはスピードが命ですから』って、面接のときにね」

その通りだった。一件で六分短縮すれば、ドライバーが一日一〇本やるとしたら合計一時間浮く。その店は六〇分二万円のコースが基本だったので、単純に女の子ひとり分の稼ぎが増えるわけだ。もうひとつ、元准教授の店長は人心掌握術にも長けていた。彼は予備校の講師も務めていたことがあり、楠田はその経験からではないかと推測する。

「予備校の先生ってさ、人気商売でしょ。生徒に人気のある先生ほど儲かるっていうじゃない。話しかけるときに必ず『楠田さん』って、人の名前を呼ぶんだよ。『楠田さん、これからちょっと忙しくなるんで、いつもの走りでお願いします』。終わると『楠田さん、今日もいい走りでした』って。能力を評価されるとさ、やっぱり人間やる気が出るんだよ。しかも休ませるタイミングも絶妙でね。『楠田さん、今大変ですけど、これ終わったら一時間ほど休んでもらえるんでよろしく!』ってさ」

ドライバーから見て、デリヘル嬢とはどういう存在なのか聞いてみた。

「つくづく思ったのがさ、若さや顔じゃないってことだよね。コミュニケーション能力ってやつ。聞き上手、甘え上手、一緒にいて楽しい、ほっこりする、癒される、そういう娘が売れっ子になる。あのさ、デリヘルドライバーってのは女の子の本当の、素の姿が見れる商売なのよ。客の前でネコかぶるのは当然。リピートしてほしいからね。経営者や内勤の男性スタッフの前でもやっぱりネコかぶるよ。仕事回してもらいたいからさ。ただ、ドライバーに媚売っても何の得にもならないからね。ツンとしてるヤツはツンとしてるし、あからさまに横柄なヤツもいる。でも売れる娘ってのは、俺たちにだってやっぱり感じいいわけよ。

で、そういう店だからさ、デキる娘は意識高いんだな。自分で電話営業するもん。どこかで拾って待機所に帰るまで、後部座席に乗っけて走ってるじゃない。そうすると『すみません、ここって文京区ですかぁ』とか聞くんだ。『護国寺って近いですよね』『うん、すぐだよ』って言うと常連客に電話し始めるんだ。『ねえ、これから行っていい?』って。そりゃ客は女の子から直に電話かかってきて、『これから行っていい?』って言われたら喜ぶよね。まるで彼女じゃん。『いいよいいよ、おいでよ』ってなるよ。バカな女はボーッと携帯見てたりするだけ。頭のいい娘はそうやって外の景色にまで気を配ってるんだな」

客とのトラブルってなかったですか。

「一度、女の子が泣きながら『お客さんが覚せい剤打ち始めた、怖い』って電話してきたことがあったよ。コッチも怖いけどさ、行かなきゃしょうがないじゃない。だから行ったよ。うまい具合に客は奥の部屋にいたから、『すみませ〜ん、店の指示なんで、女の子連れて帰りま〜す』って手ぇ引いて逃げてきた。そのくらいかな。基本的に自宅に呼ぶ客は居場所がバレてるわけだから、そんなに問題は起こさないね」

トラブルとまではいかないが、客とは以下のような攻防があるという。

意識の高い嬢が行う電話営業は、もちろんやり手の店長や内勤の男性スタッフもやる。極端に暇な日や、朝方になってもひとりも客がつかず、このままではお茶を引いてしまう娘がいたとき、彼らは常連客に片っ端から電話しまくるのだ。「今、いい娘いるんですけどいかがですか」と。やり方はかなり強引だ。客が「今は持ち合わせがなくて」とやんわり断っても、「いえいえ、常連さんですから、料金は今度のときで結構でございます」と。ところが——、

「それでいざ連れていくとドアの覗き窓から見て、『ブスだ』って思うと寝たふりしやがるんだ。これ、多かったね。そういうときは、俺が行ってドアをガンガン叩くよ。当たり前でしょ、ひどいときは足立区とか葛飾区くんだりまで呼ばれてさ、トンボ帰りなんて俺は絶対イヤだからね。デリヘルドライバーはスピードが命ってのはさ、ここでも重要になるわけだ。客も半分嫌々呼んでるようなとこあるからさ、『三〇分で来れる？　だったらいいよ』って言う。それで三五分かかったら、五分遅れただろうってキャンセルの理由にされるからね。本当は覗き窓で顔見て決めたくせにさ。ブスを俺のせいにされたら嫌だからね。そういうときはムキになって飛ばすよ」

ブスを俺のせいにされたくない——楠田はそんなふうに言うが、実は彼なりの照れ隠しで、そんな女の子たちに同情しているのではないか。なぜなら彼はこんな発言もする。

「そういう店の無理やりな営業ってさ、実は女の子が一番辛いんだよ。その娘のリピーターならいいよ。でもそうじゃないフリー客の場合、部屋に入ったときから客は嫌な顔してるんだって。

『何《な》んだよ、ブスじゃねえか』『好みじゃねえなあ』って顔してる客と、それから最低六〇分エロいサービスしなきゃなんない、これはキツいよね。でも、わかるけどさ、それで一本増えるかどうか、お茶引いちゃうか引かないかは大きいじゃん。だから我慢しようよって慰めてさ、『ごめんね、君がこうして稼いでくれるから、俺の給料出るんだよ。我慢してね、頼むよ』なんて言ってさ。他にも乱暴な客とか、無理やり入れられ（本番をされ）そうになったとかで、泣きながら車に戻ってくる娘もいるよ。『そうか、そんな嫌な客だったのか。じゃあ俺が懲らしめてきてやる』って、客の玄関前で立ち小便してきたことあるよ（笑）。まあね、ドライバーができる懲らしめなんてそれくらいだからさ」

女の子のケアも、デリヘルドライバーの役目なんですね、と言うと、

「お互いさまだからね」と答えた。

「女の子とドライバー、どっちが偉いってわけじゃないでしょ。もっと言えば俺たちは雇われてはいるけど、別に店長やオーナーに媚売る必要はない。だって女の子もドライバーも、嫌なら辞めりゃいいんだよ。別の店行けばいいだけじゃない。実力があればどこでも稼げるよ。だから彼女たちの愚痴や文句は聞くけど、店には一切言わない。店側は『客に態度の悪い娘がいたら、コッソリ教えてくださいね』なんて言うけど、『ハイハイ』って答えながら内心『言うかよ、バカ』って思ってる。それとこれとは話が別でしょ。ドライバーは自分の仕事をして、女の子は料金分客にサービスすればいいんだよ。だから車の中の会話は車の中だけ。それで終わり」

そして、「風俗嬢、風俗嬢って世間の人はバカにするけどさ、大抵が普通の娘だからね」と楠田は主張する。

「バカな女もいるけど、いい娘はすごくいい娘だから。俺は時代が悪い、国のシステムが悪いと思ってる。昼間OLやっても、学歴なけりゃ給料十数万とかでさ、どうやって食っていけっていうの。若い女の子はボロアパートに住むの怖いじゃん、狭くても鉄筋のマンションで、できればオートロックに住みたいでしょ。それで友だちに誘われてキャバ嬢やりました、そしたらキャバクラは深夜営業できなくなって、最低時給三〇〇〇円だとしても、早上がりもあるし、出勤制限だってある。美容院代は一般の娘の何倍もかかるしさ、それでみんな風俗に行くんだよ。おかしいでしょう、普通の女の子が普通に生活できない世の中なんて」

ここまで聞いていて、疑問が生まれた。そんな普通の女の子と、彼は恋愛したことはないのだろうか。それを尋ねるとまた、

「そういうこと聞くかねえ」と口の端で笑い、

「俺だって、恋をしたことはあるよ」と、呟くように言った。

「その大学の准教授か何か、やたらデキる店長の店の次だったか、いや、次の次くらいかもしれない。妙なデリヘルでね、女の子の待機所ってのがないわけ。事務所すらない。店長もドライバーで、車の中で電話取って営業してる。俺たちドライバーは出勤してきた女の子を駅で拾って、客

がつけばそこへ届ける。つかない間は車内で待機する。女の子を二人、三人と乗せることもあったけど、暇な店だったから一人だけ。女の子と車の中で何時間も一対一じゃない。そうすると、どうしてもいろいろ話すようになるよね」

二〇歳の女の子だった。暇な店の割には人気のある娘だった。他の店に行けばもっと稼げるのになと思ったという。放っておけない雰囲気があった。風俗嬢にしては服が地味で少々野暮ったく、無理して休まず出勤しているように見えた。明るい娘だったが、時々ふと、暗い表情になった。ある日何気なく聞いてみると、親の借金を返すために働いていると答えた。

「本当かどうかわからないよ」と楠田は言う。

「俺だって、今でも全面的に信じてるわけじゃない。ただ、借金の額が五〇〇万って言ったんだ。それが妙にリアルな数字でさ、数千万とか言われたらまったく別世界の出来事だし、一〇〇万だったら俺にも何とかなるかなって考えたと思う。でも五〇〇万っていうのが、何とも手が届きそうで届かない感じでさ、気が付くと好きになってたんだな」

女の子を好きになっちゃうと、辛くないですか。

「辛かったよね。柄にもなく切なかった。だって客のところに届けるのが俺なわけじゃない。客に何されるんだろう、あの娘、今頃どんなことされてるんだろうって。この娘はどんどん汚れていくんだ、俺はそれに加担してるんだなってね」

一方、彼女の気持ちはどうだったのだろう。

奥多摩か高尾か、中央線の外れに自宅がある娘だった。だから毎回待ち合わせは高円寺。出勤前、彼女は必ずマクドナルドでハンバーガーと飲み物を買った。それがやがて、楠田の分も買って車に乗り込むようになった。まるでデートのようだが、彼女はその後、必ず客の部屋で裸にされるのだ。二人はあくまでプラトニックな関係だったが、気持ちは近づいていった。

「彼女がね、ドライバーに俺を指名するようになったんだよ。俺じゃなきゃ嫌だって。一番売れてる娘だからさ、店長も彼女にヘソ曲げられちゃ困ると思ったんだろうね、以降、俺が専属みたいになった。ところがさ、ある日いつものように高円寺のロータリーで待ってたら、突然他のドライバーから携帯に電話があって、『すみません、今日、楠田さんお休みにしてほしいそうです。僕が代わりに担当しますから』って。何んだよ、わけわかんねえなって思ってたら彼女がちょうど来てさ、『どうしたの』って聞くから、『よくわかんないんだけど、今日、俺休みになっちゃった』って言ったら『じゃあ、私も休む』って。それで二人で飯食いに行って、その後カラオケに行ったんだ」

楽しい一日だった。彼女はカラオケで大塚愛を歌ったという。楠田が大塚愛のファンだったからだ。歌は下手だったけれど、一生懸命、何曲も歌ってくれた。しかし――、

それがよくなかったみたいだ、と楠田は言う。彼は、翌日首になった。

「首っていってもやんわりだったけどね。店長がすっごく言いにくそうに、『ちょっとウチも女の子が少なくなっちゃったから、楠田さんみたいな腕のいい人は他へ行かれた方が』みたいな。そ

れで辞めた」

それで彼女とは。

「それっきり。携帯の番号だけは聞いてたんだけどね。でも、やっぱり五〇〇万ってのが効いたな。そうそう、だからその後、俺、デリヘルドライバー辞めて、しばらくトラックの運転手に戻ったんだ。金持ちになってやろうと思ったし、その娘のこと考えてるのも辛かったからね。ムチャクチャ仕事してやろうって、昼と夜、別の運送会社に所属して働いたよ。まあ、結局こうしてデリヘルドライバーに戻っちゃったけどね」


もうひとつ、気になっていたことがあった。

「准教授でしたっけ、やたらデキる店長。そんなにうまくやっていたのに、その店はどうして辞めちゃったんですか」と聞いてみた。

「ああ、それね——最後はいい話で終わらせたかったんだけどな」

楠田は苦笑する。

「結局、店長は頭がよすぎたんだよ」

機転の利く店長は、これだけ自分が店を回せるのだから、独立したらもっと儲かると考えた。そこで人気の女の子たちをひそかに引き抜いて、別のところで新規開店する。

裏切られたオーナーは激怒した。実はその店は、違法な本番店だった。暴力団とも繋がっていたようだ。そこで身の危険を感じた元准教授は警察に駆け込んだ。店自体は別の店長を立て、内勤のスタッフも入れ替えて続いた。そして元准教授と関係の深かった楠田らドライバーは全員解雇されたのだ。

「店長、どうしてるのかね。殺されちゃいないだろうけど、風俗業界にはいられないだろうな。かといって大学や予備校に戻れたのかね。わからないな。そうそう、車の中で電話営業してた娘ね、名前は愛菜さんっていったかな。ナンバーワンだったのに、彼女だけなぜか店長に引き抜かれなかったんだよ。当時三二、三で、もう歳がいき過ぎてたと思われたのかな。別れ際に握手してくれた。『今までありがとう、ご苦労さま』って。それだけが救いかな、いい思い出だね」

楠田一真は現在、新宿に事務所を持つ、女の子が五、六人の小さなデリヘルで働いている。ドライバーは彼ひとり。景気はどんどん悪くなっている。最盛期一万五〇〇〇円だった日給は、一万円にまで下がった。最後に、「デリヘルドライバーをやるのは、この店が最後だろうな」と呟いた。

第3章

八つの携帯電話

川瀬洋平は客からの電話を受ける際、その語り口に耳を澄ますという。乱暴な客や変態には、どこかに必ずそれを感じさせる匂いのようなものがあるからだ。そこには何か公式的なものがあるわけではない。いわば「勘」なのだが、経験を重ねていくに従って、少しずつわかるようになった。

彼は若くして社長から店長を任されているので、自らドライバーをやりながらも、仕事の中心は内勤になる。客からの電話を受け、嬢の手配をするのだ。

その際客の声によって、どの女の子をつけるかを決める。コイツは変態っぽいが、それほどひどいことはしないだろうからA子で大丈夫だろうとか、この男はかなりヤバそうだからしっかり者のB子に任せようとか。

下手を打ってひどい客に当ててしまい、稼ぎ頭の女の子がヘソを曲げて、辞められてしまうのが一番困る。だからそこに何より気を使う。

それにしても世の中には呆れるほどいろいろな変態がいると、川瀬はデリヘルで働き始めて知った。女の子が部屋に入ると中年のオヤジがTバックにブラジャーの女装姿で待ってたなんてのはいい方で、電動歯ブラシをケツの穴に入れて動かしてくれと要求したヤツ、一番すごかったのは、自分の大便をタッパーに入れてきて、コンビニの弁当にかけて食うから見てくれと言ったヤツだろう。あのときは逃げ帰ってきた嬢が狂ったように泣きわめき続けたので、なだめるのに本当に苦労した。

他にも、高級なランジェリーをスーツケースいっぱいに持参して、嬢にとっかえひっかえ着させてファッションショーをする客がいた。この男はただ自分好みの下着を女の子に着せることだけが楽しみで、一切のプレイをせず、射精もしないで帰る。だから楽でいい客だと川瀬は思うのだが、嬢たちは「なんだか気持ち悪くて」と忌み嫌う。女心というのはよくわからない。

川瀬の勤めるデリヘルにこういう奇妙な客たちが集まるのは、店の一風変わったスタイルにもよる。通称「振り替え店」。一般的な風俗店の場合、ホームページ等には当然、実物の女の子の写真を撮影して掲載する。店のスタッフが自前のカメラで撮る場合もあるが、プロのカメラマンに依頼することもあり、キャバクラ嬢を含めた風俗専用のスタジオや、写真撮影とホームページ制作を請け負う会社もある。

デリヘル嬢の場合、顔を出せない娘がほとんどだ。親バレや彼氏バレはもちろん、昼間は普通のOLなどをやっている娘も多いので、職場に知られるのも困る。ゆえに目元や口など顔の一部にボカシを入れたり、顔を出さずバストや脚のラインのみを見せる写真になる。

だったら本物じゃなくてもいいじゃないか、というのが「振り替え店」の発想だ。

美容院やヘアサロンの検索サイト、『ホットペッパービューティー』にはさまざまなヘアカットモデルの写真が掲載されている。どの女の子もモデルさんなので当然可愛い。しかも素人っぽいということで、そこから無断でダウンロードして掲載してしまう。

「でもウチなんてまだマシな方ですよ」

と川瀬は言う。

「まだ『ナイタイ（Naitai）』（風俗情報誌）があった頃、記者さんが『女の子の写真ください』って言ったら深田恭子の写真出した店があるっていいますから」

「振り替え店」のもうひとつの利点は、インターネットというバーチャル空間に、複数の店舗を容易に持てるということだ。川瀬は携帯電話を八つ持っている。ネット上に八店舗あるからだ。もちろん実質は一店舗である。しかしネットを見ている客からはあたかも八つの店舗が存在するように見えるわけで、その分集客の可能性は上がる。

同時に、客の質が悪くなるというリスクもある。

風俗店は通常、客は好みの女の子を目当てに来店する。風営法の改正によって風俗街というものが減り、酔った勢いでということが少なくなった昨今は、特にその傾向が強い。ネットの発達もそれに拍車をかける。彼らは店ではなく、ネットで「可愛い」と思う女の子を探し、ピンポイントで彼女たちにアクセスするのだ。恋人気分でリピーターになる客も多い。

ということは逆に、「振り替え店」に来る客は相手ではなく、自分の欲望にしか興味のない客ともいえる。ゆえに川瀬が感じるように「変態」が多くなるのだ。

そして自分の欲望にしか興味のない客といえば当然、本番強要、無理やり性行為を強いてくる客も多くなる。

「だからウチは基本、オラオラスタイルでやってます」と川瀬は言う。

オラオラスタイルとは、「おらおら、てめぇ、ふざけんじゃねえぞ」とチンピラ風に客を恫喝するという意味だ。

「ドライバーは常にすぐ行ける距離で待機させてますから、まずは女の子の確保だけドライバーにさせて、暴れ出したりするようならあえて客と揉めとくように指示してます。そこへ僕が怒鳴り込んでくってパターンですね。さすがに殴るのはヤバイんで、馬乗りになって胸ぐらつかむくらいですけど。その後の落としどころですか、金ですね。とりあえずそのとき財布に入ってる金は全部出させます」

そんなことをして、警察に駆け込まれたりすることはないのだろうかと問うと、

「ないっすよ」と笑う。

「本番させろってのは、売春の強要じゃないですか。そんな内容で訴えるなんてできないんですよ」

川瀬洋平は二四歳。今回話を聞いたデリヘルドライバーの中で一番若い。そのせいか、以上のようなワイルドでやんちゃなエピソードが次々と飛び出してくる。

ダメージジーンズにTシャツ。『ドラゴンボール』の悟空を思わせる派手な髪型。二の腕には、若者の間ではやっているという梵字のタトゥーが彫り込まれている。

しかし面と向かって話していると、川瀬から不良の匂いはどこからも嗅ぎ取れない。むしろ彼から漂ってくるのはどことなく育ちのよさそうな雰囲気と、僕ら初対面の人間でも臆することな

く自身をさらけ出す人懐こさだった。

ただし、やはりその若さからだろう、川瀬には自らのナイーブさを隠し、自分を大きく見せたいという一面が感じられた。話を聞くに従い、そんな危うさが彼自身を精神的に追い込んでいったことがわかるのだが――。

まずはその生い立ちから話を進めていこう。

一九九三年、川瀬洋平は千葉県のとあるベッドタウンで生まれ、その街で育った。父はサラリーマン。専業主婦の母親は教育熱心な人で、彼は幼い頃からスイミングスクールにフィギュアスケート、ピアノ教室に加え学習塾を二つと、週に五日塾通いをする少年だった。中学校に上がってからはアニメと声優に夢中になり、本人曰く「ザ・オタク」になった。それが「キモい」と言われいじめに遭うようになる。朝学校へ行けば机の引き出しに蛙や昆虫の死骸が入れられていたり、数人にトイレに連れ込まれて殴られることもあった。

そんな生活が一変する日が、中学校二年生のときにやってくる。

休み時間に廊下を歩いていると、向こうから同級生の不良グループが数人で現れた。川瀬は当然、脇に寄って道を譲ったが、不良のひとりがわざと肩をぶつけてきた。思わず「痛い」と言って顔をしかめると、それが反抗していると取られたようだ。そのまま校舎の裏に連れていかれ、「タイマン（一対一の喧嘩）はろうぜ」ということになった。

「ザ・オタク」の少年は絶対に勝てっこないと思いつつも、「やるしかないな」と覚悟を決めた。するど意外にも善戦した。取っ組み合いになると、決してやられっぱなしではなく、相手の体を押さえ付けることもできた。周りではやし立てていた連中からは笑い声が起き、喧嘩の相手も、オタク少年に負けそうになったのが恥ずかしかったのだろう、「悪い悪い、俺が悪かったよ」と照れくさそうに笑って謝った。

他の不良連中からは「お前、けっこうやるじゃん」と言われ、今日、一緒に帰ろうぜという話になった。

その日の帰り道、途中の公園でしゃべっていると、他の不良グループの連中もどんどんやってきて、一気に友だちが増えた。以降、川瀬は勉強や習い事に興味をなくした。アニメの世界に逃げ込む必要もなくなり、仲間とつるんで過ごすようになる。

オタク少年だった彼だが、実はひそかに憧れる世界があった。渋谷のセンター街などに集まる肌をガングロに焼き、髪を染めた若者たち、ギャル男である。

六歳年上の兄がギャル男だった。兄は子どもすぎる弟を少しも相手にしてくれなかったが、川瀬はずっと兄をカッコイイなと思い憧れていた。兄の部屋に置いてあった『men's egg(メンズ・エッグ・大洋図書)』というギャル男系ファッション雑誌も、こっそり愛読していた。

そして高校は地元のギャル男が多く通うという私立校に進学、やがて渋谷のイベントにも参加するようになる。

当時は都内及び近郊にギャルサー（ギャル・サークル）、イベサー（イベント・サークル）と呼ばれるグループが数多くあり、渋谷などで行われるクラブイベントを運営していた。高校生の年齢の少年少女が中心で、一年生二年生三年生の年代をそれぞれ下代（シタダイ）中代（ナカダイ）上代（ウエダイ）と呼び、ゆるやかな上下関係で動いていた。

イベントは大きいものが夏と年末にあり、渋谷道玄坂の巨大ライブハウス〈Shibuya O-EAST〉などを借り切り、三〇〇人規模の参加者で開催される。ゲストに人気モデルやアーティストも呼び、ギャルとギャル男たちはパラパラのショーをやる。その振り付けからDJ、照明・音響なども、すべて自分たちでやるという本格的なものだ。

川瀬の高校は単位制で、校外学習を「遠足みたいなもんだから行かなくてもいいだろう」とサボッてしまったら、それで特別課外学習という単位が取得できなかった。しかしこれは必須単位であり、同時に、平日は地元イベサーのミーティングに参加、土日は渋谷に繰り出すという生活をしていたので成績も最悪で、二年生に進級できないことが決定した。

川瀬は高校を中退した。父親は激怒し教育熱心な母親は泣いて止めたが、彼にはもう、イベサー生活しか見えなかった。そこからはさらにギャル男ぶりが加速。当時はギャル男ファッションの流行が、「きれいめ系」と呼ばれる清潔感を重視したスタイルへと移行しつつある中、川瀬は「ヤマンバ系」という最も派手でキテレツなスタイルを貫き通した。そのため各種ギャル男系雑誌だけでなく、テレビ番組などにも呼ばれるほどの人気者になった。

青春を謳歌していたのはよかったのだが、問題がひとつだけあった。ギャル男ファッションにしてもイベサー活動にせよ、遊ぶにはそれなりの金がかかるということだ。周りのギャル男には意外にもお坊ちゃんが多く、皆、親のすねをかじっていた。しかし親の反対を押し切ってギャル男生活している川瀬に小遣いなどもらえるはずもなく、バイトをしようにも、シルバーに染めた髪が肩まである若者を雇ってくれるところなど当然どこにもなかった。

そこで高校時代につるんでいた仲間の一人に、かなりヤバ系の仕事にまで手を染めていると噂のヤツがいて、相談してみると「プッシャー、やるか」と言われた。

プッシャーとは、簡単に言えば違法ドラッグの売人である。渋谷で遊び回っていた川瀬はどこのクラブも顔見知りで、出入り自由だった。元締めからしてみたら、最高のプッシャーだった。

「ヤマンバ」の川瀬はとにかく目立つ。クラブに行くとどこでも年上のお姉さんたちが面白がって声をかけてきた。この女、イケそうだなと思うと「何か（クスリを）やってんですか」と聞く。大抵の女が「やってるよぉ」と明るく答えるので、「ネタ、あるんですけど、どうすか」と振る。それだけで売買が成立した。

扱っていたブツはコカインにマリファナ（大麻）。クラブで特に売れたのが、ＭＤＭＡだ。二〇〇九年に俳優・押尾学の事件で使われ有名になった、別名・エクスタシー。いわゆるアッパー系のドラッグで、「音ハマリ」と呼ばれる「音楽が美しく聞こえビートに乗れる」効果を生み、延々と踊っていられるような多幸感にとらわれるという。

グラム単位で小分けにされたブツを渡され、それをグラム三〇〇〇円で買い取り、五〇〇〇円で売る。差額二〇〇〇円が川瀬の取り分となった。ひとりの客が最低でも五グラムくらいは買うので、かなりの金になった。

他人や架空の名義で契約された、いわゆる「飛ばし」の携帯を渡され、すべて上からの指示に従う。プッシャーといえば何となく格好いいが、便利に使われるヤクザの下請けである。川瀬は元締めはもちろん、ブツを渡される売人の素性も連絡先も知らないから、上が捕まる恐れは一切ない。プッシャーは蜥蜴《とかげ》の尻尾なのだ。

しかし川瀬の方には何の躊躇もなかったという。当時まだ十七歳、捕まっても保護監察くらいで済むだろうと踏んでいた。さらに誘われ危険な橋も渡った。運び屋である。

これは、今思い出しても不思議な体験だったという。

渋谷道玄坂の下から上までブツを運ぶだけで十五万円という仕事があった。飛ばしの携帯に連絡が入り、鍵を渡される。それが〈SHIBUYA109〉地下のコインロッカーの鍵だ。そこを開けると中身は何かわからない包みが入っている。道玄坂の上、〈Shibuya O-EAST〉などライブハウスが立ち並ぶ通りにもいくつかコインロッカーがある。徒歩、わずか五分ほど。そこまで運んで鍵を開けると、そこには現金が入っている。金を出して、持ってきた包みを置けば仕事は終了である。

これもプッシャー同様、情報が漏れて警察がコインロッカーを張っている可能性がある。だから川瀬のような若者が蜥蜴の尻尾に使われるわけだ。

一番でかいヤマは、東京―大阪間の運びだった。新大阪駅のコインロッカーに入れられたブツを、新幹線に乗って東京駅八重洲口のコインロッカーまで運ぶ。それだけで一五〇万円。内心これは相当ヤバイ仕事なんだろうなあとびびったが、金に目が眩んでやった。幸い無事やり遂げて事なきを得た。


そんな川瀬にも、ギャル男を卒業する日がやってくる。上代、つまり高校三年生の年齢が終わると、イベサーは「引退」ということになる。実際は、先に書いたように遊ぶにも金がかかるため、大抵のギャル男が途中で辞めてしまうという。そこで上代をやり切ったギャル男だけに「引退式」というイベントが許される。

引退式の翌日、川瀬はその頃には肩から胸を通り越し、へその辺りまで伸びていた銀髪をばっさりと切り、サラリーマンになった。職場は葬儀屋だった。求人誌の『タウンワーク』で見つけ、歩いて通える近所にあり、学歴不問と書いてあったからだ。しかも給料は月二四万円と高額だった。しかし川瀬はそこをわずかひと月余りで、上司を殴って辞めてしまう。

相手は川瀬の指導役というような地位だったが、ことあるごとに「昔はヤンチャしていて」とか「闇金で働いてたんだ」というような、どうでもいい武勇伝を語りたがる中年男だった。ずっと我慢していたが、運び屋もプッシャーも辞め、髪を切って真面目な社会人になろうとしている川瀬にはあまりにうざ過ぎた。ある日切れてボコボコに殴ってしまい、そのまま家に帰ってしまった。

次に川瀬が選んだのが風俗業であり、現在に繋がる道の入口になるのだが、これはまったくの偶然だった。

葬儀屋を辞めてしばらくは実家でぶらぶらしていたが、その頃になると元ギャル男の兄はすっかり更生し、真面目な社会人になり結婚もしていた。だが兄の勤める会社は給料が安いらしく、貯金もしたいので実家に同居させてくれと言ってきた。兄夫婦が一緒に暮らすようになると、末っ子の自分だけ仕事もせずにいるのが少し気が引けた。渋谷でのギャル男生活も懐かしく、ここはちゃんと働いて金をため、東京に部屋を借りようと考えた。

再び『タウンワーク』で探したのが池袋の不動産会社だった。やはり学歴不問。給料もよく、千葉からは多少遠いが交通費支給ということで面接に出向いた。

池袋の駅に着いたら電話してくださいと言われたのでそうすると、「ちょっと今、大事なお客さん来てるから今度にしてくれ」と言う。

何ともいい加減な会社である。川瀬の最寄り駅からはJRを乗り継いで一時間半、実家から駅まで歩く時間を入れたら二時間弱。電車賃だって往復となると三〇〇〇円近くかかる。

このまま帰るのもバカらしいと考えた川瀬は、駅近辺で手に入れた『ドカント』というフリーペーパーの求人誌で別の仕事を探す。すると同じ池袋で日払い日給一万円と書かれた広告があった。念のため履歴書の予備と写真は持っていたので、その足で訪ねることにした。そこがピンクサロンだったのだ。川瀬は知らなかったが、『ドカント』は一般の求人誌とは一風変わって、風俗店やホストなど、グレーゾーンとも思える企業が数多く求人広告を出す媒体であった。

ピンクサロンとはキャバレーなど、ホステスが客の接待をする飲食店の形態に、性的サービスが付加されるようになった性風俗だ。店内には二人掛けのボックスシートが並び、建前上は飲食店なので酒やソフトドリンクなども提供される。サービスはキスやお触りから始まり、クンニリングスやシックスナインをする場合もあるが、基本的にはフェラチオで客を射精させるのが主となる。

面接を受けると即採用で「明日から来い」ということになった。週六日の勤務である。その日はいったん実家に戻ったものの、何しろ片道二時間近くかかる。週に六万稼げるのなら、夜は安い漫画喫茶にでも泊まればいいと考え、川瀬はそれから約一年半、家が無い状態で働き続けた。

若いということはもちろんあるだろう。ただ、この本の取材で出会ったデリヘルドライバーたちはさまざまな種類の風俗で働いた経験を持つが、共通しているのはとにかく勤勉であるということだ。休みたいとか、楽をして稼ぎたいというような言葉は、誰の口からも聞かれなかった。

川瀬もまた、一日十二時間、立ちっぱなしで働いた。何も知らないで入ったピンクサロンの仕事は大変だった。業態としては先に書いたように建前上は飲食店なので、ファッションヘルスのようにシャワーなどを設置することができない。ゆえに嬢が客の体やペニスを綺麗にするのも精子を拭き取るのも、すべておしぼりが使われる。大量のおしぼりが消費されるので、未使用のものや使用済みのおしぼりが詰まった重いケースを持ち運びするのが、まず新入りの仕事である。

新入りにはもうひとつ大切な仕事があった。「サービスチェック」と呼ばれるものだ。

その店は客が入るとボックスシートにカーテンが閉められ、簡易個室状態になった。それによって客が周りを気にせずサービスを受けられるというものだが、逆に言うと店員に見えないことをいいことに、嬢に本番強要するというような可能性が生まれる。そこで新入りは「客が悪さしないように、カーテンの中を覗いて見張れ」と言われる。それがサービスチェックだ。

中退していなければ少し前まで高校生だった年齢である。そんな若者には刺激が強すぎたという。それでも川瀬は客の精液を含んだ重い使用済みおしぼりのケースを運び、給仕をしながらサービスチェックにいそしんだ。

そんな若者が初めて見た風俗業界とはどうだったのだろう。それを聞くと、

「とにかくヤベエとこだと思いましたね」と答えた。

まず、面接した店長の両腕にびっしりと彫り物が入っていた。「うわっ」と声に出さずに驚いたとき、店長が書類を取るため振り向いた。夏だった。制服の白いワイシャツが透けて、背中一面にも見事な般若が彫り込まれているのが見えた。

「俺の下の主任を紹介するから」と言われたもうひとりはワイシャツの腕をまくり上げていて、

そこには龍が踊っていた。

店長は元ヤクザ、主任は元暴走族のトップだったと後に知った。

重要だったのは、そういう一見ヤバそうな状況で、若い川瀬が風俗業界というもののシステムと、論理のようなものを学んだということだ。

入店して三日目のことだった。直属の先輩に「最初だから疲れただろう、少し休憩していいぞ」と言われ入口を出たところで煙草を吸っていた。するとフロアのある地下の階段から派手な物音がして、龍の刺青《いれずみ》の主任が客を羽交い締めにして引きずり出してきた。そして「二度と来るな」と尻を蹴飛ばして客を路上に叩きつけた。

店長と主任が川瀬に教えたのは、「客になめられるな」ということだった。

従業員がなめられると、客は必ず女に悪さをする。性風俗という商売で何より大切なのは女だ。客は女さえよければ必ず来る。店員が恐ろしいからといって、客足が遠のくということはないのだ。

川瀬が働いた店は、都内に数店舗のピンクサロンをチェーン店展開する企業だった。若いということと、家を持たず漫画喫茶などで寝泊まりしているということで彼は便利に使われた。会社の都合で、次々と店舗を異動になった。池袋からまずは上野へ、上野から錦糸町、さらに大塚、五反田。そして再び池袋へ戻され、その頃はやり始めた現役女子高生による簡易マッサージ、「JKリフレ」を会社が新たに出すことになり、その立ち上げにも関わった。

その後に配属されたのが高円寺のピンクサロンで、その頃になるとマンションを借りて暮らすことができるようになっていた。いつの間にか、ギャル男を卒業して三年の月日が経っていた。ただその頃から、川瀬は少しずつ問題を抱えるようになっていく。

まず眠れなくなった。閉店が深夜〇時、掃除などをして部屋に戻るのは深夜二時過ぎ。高円寺は小さな店舗だったので男性従業員二人で回さねばならず、早番遅番はなく開店から出なくてはならない。酒や薬に頼るのは嫌だった。川瀬はプッシャー時代、客に効果を尋ねられるので自分でもドラッグを試したが、これをやると人間はだめになると身に染みて知っていた。実際、周囲には薬で死んだヤツが数人いた。

店を運営していた、もうひとりの従業員も問題だった。立場は同じなのにもかかわらず、川瀬が若いというだけで部下扱いした。夕方にふらりと出勤してきて、「調子どう」などと偉そうに言った。仕事中も「俺は昔ずいぶんヤンチャしたけど」などとくだらない武勇伝を語る。そう、葬儀屋時代のいけ好かない上司と同じである。

川瀬はもう、嫌なヤツを殴って辞めてしまうほど子どもではなくなっていた。とはいえ、プレッシャーを上手にかわせるほど大人には成りきれていなかった。腹立たしい同僚にいらつきながらも、売り上げだけはしっかり出して会社に貢献しなければならない。その重圧に、彼は次第に押しつぶされていった。

ある朝、ついに体が動かなくなった。地球の重力が突然何倍も強くなったかのように、ベッドに押し付けられてつぶされるように感じた。ひどい鬱《うつ》の症状であった。携帯が鳴っても取ることができない。きっと今頃店では自分が来ないことで大騒ぎしてるだろう。迷惑かけてるんだろうなと思うとますます気分が暗く絶望的になった。

そうやって寝たきりでろくな食事も取らず、いったい何日過ごしただろう。横になったままで昼と夜の区別さえわからなくなったとき、突然マンションのチャイムが鳴った。起き上がることも難儀なのでそのままにしていたら、鍵をかけ忘れていたのだろう、いつの間にかひとりの男が枕元まで来ていた。

「大丈夫」と声がした。

五反田店のとき近くにあった、同じ会社が経営する風俗案内所にいたおじさんだった。歳は親子ほども離れていたが、妙に気が合う人だった。

おじさんはコンビニで買った弁当やコーラ、煙草などが入ったビニール袋を手に、

「川瀬くんがなんか調子悪いらしいって聞いたからさあ、来たよ」とのんびりとした感じで言った。その優しい口調に、久しぶりにほっとした。心の底に、かすかに灯りが見えたような気がした。

おじさんが言うには、高円寺店の同僚が身勝手なヤツだということは、上司たちも他の社員たちも皆わかっていたし、川瀬が若いということで各店をたらい回しに使っている、そんな会社のやり方にも同情し、怒ってくれているという。

最初に勤めた池袋の元ヤクザの店長と、龍の刺青の主任が特に気にかけてくれていた。彼らは

おじさんが川瀬と仲がいいのを知っていたので、「悪いけど様子を見にいってくれないか」と言ったそうだ。

せっかく買ってきてくれた弁当は食欲がなく半分も食えなかったが、久しぶりに飲んだコーラがうまかった。何日目かの煙草を吸いながら、そういえば俺、このおじさんの素性を何も知らないな、と思った。家族とかいないんだろうか、それとも何か事情があって別れたのだろうか。

結局、川瀬はそのままピンクサロンの会社を辞めた。そしてしばらくはマンションでぼんやりと何もせず過ごした。気分が少し上向いた頃、池袋の元ヤクザの店長から「どうだ、ちょっとは元気になったか」と電話があった。「俺の知り合いが錦糸町でデリヘルを始めることになったから、内勤兼ドライバーで手伝う気はないか」という話をもらい、現在に至る。

「今は気楽にやらせてもらってます」と、川瀬は明るい表情で語る。

「ウチの社長、あんまり仕事したくない人なんです。だから『お前に任せるから好きにやれよ』って。規模も小さい店ですし。女の子の出勤が常時二〇人前後、ドライバーが僕を含めて三人で堅実にやってます」

恋人もできた。同じ店で働く二歳年上のデリヘル嬢である。

「それも社長のおかげというか、普通は店の娘に手を出すなんてとんでもないんですけど、勤めるとき最初に言われたんです。『お前が管理するんだから、責任を持てる範囲でやっていいぞ』って」

結果、今の店で働き始めてから、三人の女の子に次々と告白された。一人はシングルマザーの女性で、彼女はしばらくして田舎に帰り、もう一人とは四カ月で破局。現在の彼女とはいろいろな意味で気が合い、一緒に暮らすようになった。

モテるんだねえ、と思わず洩らすと、

川瀬は「いや、そういうことじゃないと思うんですよ」と真顔で答える。

「やっぱり、女の子って不安なんです。見ず知らずの男の部屋に行って裸になるわけじゃないですか。体を売ってるってことに罪悪感もあるだろうし。だから誰かに頼りたくなるんだと思うんです」

そういう意味で、川瀬は自分の店が女の子の写真が実物と違う「振り替え店」であることを、何ら悪いことだとは考えない。

「客は写真の娘であろうがあるまいが、可愛い娘が来ればいいんです。可愛くなくても、ブスでも性格がよかったり、サービスがよかったら満足するんですね。だから女の子は顔をさらす必要なんて全然ないと思う。だって、今はネットの時代だから、写真はもう未来永劫残りますから。結婚して旦那が見るかもしれないし、子どもが生まれて成長したら見るかもしれない。そんなリスクを冒す必要はどこにもないですよ」

一方、川瀬は十八歳からこの業界にいて、客の気持ちが心底わからないという。

「どこまで風俗に、女ってものに夢を抱いてるんだろうって思いますよ」と。

客は黒髪の娘がいい、清楚なタイプはいないか。真面目で遊んでなさそうな女の子がいいと言う。そう考えるのはいいだろう。ただし、風俗遊びというのは必ず当たり外れがある。外れたときは、その外れもまた楽しめばいいじゃないか。ところが「話が違う」と怒り出す客がいる。

川瀬はそれを「夢を持ち過ぎているからだ」と言う。

「風俗業界って、徹底的に安かろう悪かろうの世界なんです。そりゃあ吉原の高級ソープへ行けば、むちゃくちゃ可愛い娘がいますよ。サービスだって最高でしょう。それには五万円、六万円っていうお金がかかる。当然ですよね。ああいう店の娘はジム行ってエステ行って、自分磨きにお金使ってます。だから安い店に行けばブスが来るときだってあるんです。そんな余裕のない娘たちが働いてるんだから。いい歳したオヤジたちが、そんな当たり前の仕組みをどうしてわからないんだろう」

川瀬に言わせれば、風俗嬢は誰もが身のほどを知っているという。美人は自分が美人で、自分の若さと美に価値があると知っているから高い店で働く。そうでない娘は何とか写真だけでも綺麗に撮ってもらって、後はサービスと愛想のよさで指名を取っていく。徹底したリアリストなのだ。

その反面男たちだけが、あわよくば恋愛に発展するんじゃないか、安い金でとんでもない美人を抱けるんじゃないかと、見果てぬ夢を追っている。逆に言えば性風俗とは、そんな男たちの馬鹿さ加減によって成り立っている世界なのかもしれない。

けれど川瀬はそういう風俗の世界で、

「自分は人に喜んでもらえる仕事がしたい」と語る。

「僕、プッシャーとか運び屋とか悪い仕事もいろいろしてきましたけど、詐欺だけはやってないんです。オレオレ詐欺は何度も誘われたけど断った。あれは誰も喜ばない。騙された人が損して傷つくだけでしょ。ドラッグ売るのは褒められた仕事じゃないけど、僕が売らなくたって誰かが売るんだからと思ってやってた。その点、風俗は一番いいんじゃないかな。うまくやれば、客は満足して帰るし女の子たちは儲かるんだから」

将来のこととか考えますかと聞いてみた。

「うーん、最近は少し考えるかな」

川瀬が今付き合っている彼女は、実は「ちょっと引く」ほどのお嬢様なのだそうだ。父親は某有名老舗デパートの取締役で、実家は渋谷区松濤。敷地内には別棟のゲストハウスまである。彼女自身も有名女子大を出て四大銀行のひとつに就職。ところがホストクラブ遊びにハマッて退職。AV女優をやっていたが、デリヘルの方が稼げるからとこの世界に来た。

「彼女はもうホスト遊びを卒業しましたから、今はとにかく貯金をして、いつかまた昼職（風俗や水商売ではない仕事）に戻りたいと言ってます。お金に余裕ができたら、僕も普通の仕事に就けるんじゃないかって。でも、どうですかね。僕、腕に墨（刺青）入ってるでしょ、こんなヤツ雇ってくれるところあるのかなあって」

彼女は貯金が一〇〇〇万円に届くまで、デリヘル嬢を続けると言っている。目標まであと数百万。恋人が風俗をやっているということに関してはどうなのだろう。

「それはけっこうキツイものがありますよ」

と、川瀬はもう一度真顔になった。

「どんな男に裸を見られるんだろう、どんなことされるんだろうって。自分がドライバーで送っていくときは特に。だって他の男に抱かせるために、僕が送り届けるんですからね」

そのとき、若い恋人たちはどんな気持ちで、どんな表情で車を走らせているのだろう。このわずかな時間の先には客がいて、彼女を抱く。彼はそれをわかっていてハンドルを握る。会話はなく、ただ車のライトだけが夜を引き裂いていく――。

そんな光景が目に浮かんだ。ダッシュボードや助手席には、八つの携帯電話が乱雑に並んでいるだろう。

Intermission

坂道

山手通りを走り初台を過ぎた辺りを脇に入ると、そこから続く住宅街を貫いて下る、奈落の底に堕ちるような急坂がある。彼はデリヘルドライバーになるまで東京で運転をしたことがなかったから、そこに坂が存在することを知らなかった。

驚くような急勾配である。だから初めて訪れたときは夜中だったこともあり、道が途中で切れてなくなっているのだと思った。映画好きの彼は、昔レンタルビデオ屋で借りた古い作品、『世にも怪奇な物語』を思い出した。三話オムニバスのラスト、フェデリコ・フェリーニが監督した「悪魔の首飾り」だ。テレンス・スタンプ演じる英国人俳優は作中、終始白いワンピースを着た少女の幻影に脅え続ける。だから彼女から逃れようとして、酔っ払い運転でフェラーリを乗り回し、ローマの街を疾走する。そして最後は郊外の、分断されたハイウェイから落ちて死ぬのだ。

フェリーニも、俺のように夜の街を走り続けた経験があるのではないかと、彼は思う。だって普通の人たちが寝静まった闇ほど、幻影を見るにはおあつらえ向きな世界はないからだ。

その家は、奈落のような坂道のどん底にあった。家というより、屋敷と呼んだ方が正しいだろう。何しろ最初に行ったときには、まさかこんな豪邸からデリヘル嬢を呼ぶヤツなんていないだろうと、周囲をぐるぐると探し回ったほどだ。

携帯で店に確認してそこに間違いないとわかり、嬢を送り込んで着け待ちをした。やがて、六〇分コースの半分にも満たない時間で車に戻ってきた彼女の話を再現すると、こんなふうになる。

立派な門の向こうには、白いワイシャツに黒のスラックスをはき、ひどく痩せた、けれど実に洗練された老紳士が立っていた――嬢たちは後に「あのお爺さんカッコイイよね」と言い合い、彼をひそかに「執事」と呼ぶようになる。

芝生が広がり、池には小さな橋さえかかる見事な日本庭園を過ぎると、旅館のような二階建ての母屋がある。案内されたのは平屋の離れだが、それでも彼女の住む1LDKのマンションの四倍はあった。

広い室内には介護ベッドが置かれ、ひとりの若者が横たわっていた。若者と書いたが、実際のところ年齢はわからない。一〇代の少年だと言われればそうだし、中年男にも見えた。はっきりしているのは、彼が決して軽くはない障害を抱えているということだった。

やることは、パンツを脱がしてペニスを擦り、射精させてあげるだけ。ものの一〇分で終わってしまう。客は言葉を発することがほとんどできないようで、意思の疎通も難しかった。ただ、嬢たちが口を揃えて言ったのが、彼の体が、驚くほど清潔だったということだ。特にその肌は、幼児のように輝いていた。

デリヘル嬢が何より嫌がるのは、乱暴な客と不潔な客だ。だから嬢の体に一切手を触れず、お風呂に入りたてみたいな無垢な肌で、しかも短時間で終わる彼は最良の客だった。ひとりの嬢が「赤ちゃんみたい」と言い、以降店ではその客のことを「赤ちゃん」と呼ぶようになった。しかもプレイが終わり門の前まで送り届けるとき、「執事」はそっと五〇〇〇円札の入った封筒を手渡してくれた。

だから「赤ちゃん」からのオーダーが入ると、嬢たちは小躍りして喜んだ。A子を除いては——。

「赤ちゃん」がなぜ、A子を気に入ったのかは誰にもわからなかった。なぜならA子の器量はどちらかというと不美人の部類に入る方だったし、「太っている」とは言えないものの、スタイルもどこか野暮ったかった。

ただ、A子はそこそこ人気のある娘だった。七、八人のリピーターもいた。お世辞にも愛嬌があるとは言えなかったが、彼女には、どこか男を安心させる何かがあったのだと思う。そして「赤ちゃん」もまた、一度A子がついてからは、彼女を指名するようになったのだ。もちろん、電話をしてくるのは本人ではなく「執事」である。

彼はそれまで一度も特定の嬢を呼ぶことがなかったので、これには店中の誰もが驚いた。プレイ中に会話ができるわけでもなく、「赤ちゃん」は嬢たちの顔を見ることとすらなかった。だから彼女たちは、彼はひょっとして女の子に興味がないんじゃないかとすら想像していた。単に溜まりに溜まった精液を、放出したいだけなのではないか、何しろ自分でマスターベーションすらできないのだから、と。

ところが、A子はその楽でおいしい仕事を嫌がった。理由はわからない。「とにかくあのお客さんだけは嫌なんです」と繰り返すだけだった。

これに熱心な創価学会員で、万人の幸福と平等を信じて疑わない社長が初めてキレた。

「そういうのは障害者差別というんだ。人間として、絶対にしてはいけないことなんだ」と怒鳴った。

「お前はそんなに偉いのか。障害を抱えながら一生懸命生きている人を差別するほど、お前は自分を立派で特別な人間だとでも思ってるのか。だったら俺はお前を軽蔑する」とも言った。

A子はポロポロ泣いた。ポロポロ泣いて、「ごめんなさい、ごめんなさい」と何度も言った。


そんなわけで、彼は以降、坂道の下の家にA子を送り届けるようになった。A子はいつも暗い顔で門をくぐり、終わると「執事」からもらった五〇〇〇円札入りの封筒を手に、暗い顔で車の後部座席に乗り込んだ。そして一言も口をきかなかった。

彼はまた、昔見た映画を思い出す。リドリー・スコット監督の『ハンニバル』だ。ゲイリー・オールドマンが演じる、メイスン・ヴァージャーという人物が出てくる。コイツは大金持ちだが最低の変態で、貧困家庭から幼児を預かりいじめては性的な快楽を得ている。さらに自分の欲望のためなら金に糸目を付けず手段も選ばず、主人公のハンニバル・レクターとヤバイ薬をタップリ楽しむ。しかしアンソニー・ホプキンス演じるレクターはそれを上回る変態のサイコパスなので、ラリッて苦痛を感じなくなったヴァージャーに、

「自分で自分の顔の皮を剥いでみろ、気持ちいいぞ」とけしかける。

快楽を得るためなら何でもやるヴァージャーは、言われるままに自分の顔の皮を剥ぎ、さらに

はレクターに首の骨を折られてしまう。

結果、ヤツは肢体不自由の寝たきりになり、自分でまばたきすらできない状態のまま、レクターへの復讐だけを願い続けて生きるのだ。

それにしてもあの、ゲイリー・オールドマンの鬼気迫る演技は最高だったな。『レオン』のクラシック音楽好きで、点鼻薬みたいにコカインを吸う狂った刑事役もよかったけど、と彼は思う。

A子が戻ってくるのを待ちながら、携帯でTSUTAYAのサイトを調べた。明日は久しぶりの休みだ。何の映画を借りよう。最近は忙しくて映画館にもなかなか行けないので、家でレンタルビデオを見るだけが楽しみだ。

外がパッと明るくなった。その大きな門には、人感センサーライトが付いていた。A子に続き、「執事」が出てきた。

「執事」はもう何度も彼に会っているが、口をきくことも、表情ひとつ変えることもない。だから彼も軽く会釈するだけだ。

A子はいつものように暗い顔で後部座席に乗り込み、五〇〇〇円札入りの封筒を握りしめて座った。

その場でUターンして発進すると、バックミラーに「執事」が九〇度頭を下げてお辞儀をしているのが見えた。毎回同じだ。彼はそうやって、車が見えなくなるまで頭を下げている。

強烈な坂道を、ギアをローにして注意深く登る。いつものことだが、住宅街を抜け山手通りまで出て煌々と光る街灯に照らされると、いつも現実世界に戻ってきたみたいに感じる。あの坂の下は、まるで幻影のようだ。

不意に、背後から妙な音が聞こえた。夜店の「ヨーヨー釣り」で取った水風船を、手で叩いているみたいな音だった。ルームミラーで見ると、A子がしゃくりあげて泣いていた。

「ごめんなさい」

A子の声がかろうじて聞こえた。

「社長に言ってもらえませんか、あのお客さんだけは嫌なんです」

彼は何も答えなかった。

何がそんなに嫌なのだろう。A子には、「赤ちゃん」がメイスン・ヴァージャーみたいに見えているとでもいうのだろうか。他の嬢たちには、無垢で愛らしく感じられるというのに。

わからない。彼にはまったく理由が見当たらなかった。

ただはっきりしているのは、今度「執事」が電話をかけてきたら、店は「すみません、A子さんは辞めたんです」と嘘を伝えるだろうということだ。

それによって「執事」は別のデリヘルを探すかもしれない。けれど逆に、これでA子が本当に辞めてしまったら、店は彼女についている七、八人のリピーターを失う。「赤ちゃん」は上客だが、たったひとりの客でしかない。デリヘルとは、そういう商売だ。

A子はずっと泣き続けていた。

彼女には、いったいどんな幻影が見えているんだろう。そう考えると、夜の街すべてが、まるで誰かの妄想みたいじゃないか。

東京の街は巨大なシネマコンプレックスだ。人の数だけスクリーンがあり、幻影という名の映画が、毎夜上映され続けている――。

第4章

Bボーイ

稲森満夫は、一言で言うと不思議な雰囲気に包まれている男だった。

まず、年齢がわかりにくい。

Bボーイ・ファッションというのだろうか、オーバーサイズのTシャツにアディダスのパーカー。だぼっとした迷彩のパンツをはき、これまた大きめのキャップを、少し斜めにして頭に乗せている。

実年齢は三八歳。そんな年相応の大人の男にも見えるが、二〇歳前後の若者と言われれば、それはそれで納得してしまうだろう。

語り口調は朴訥で決して饒舌ではなく、むしろ口下手に思えるのだが、どこか聞く者の心をとらえるようなところがある。

我々は彼が働く新宿歌舞伎町で待ち合わせ、周囲に落ち着いて話せそうな喫茶店が見当たらないので、カラオケボックスに入ることにした。編集K氏が受け付けをしてくれているとき、稲森が背後から僕にそっと、

「ドライバーをやってたのはちょっと昔の話なんですが、それでもいいスか」と聞いた。

それは紹介者から聞いていたので、「ええ、もちろん。全然大丈夫です」と答える。

「今、お仕事は何を」

「メンズエステの店長を」

「――ああ、なるほど」

メンズエステとは、若い女性による簡易マッサージである。射精させることはないので純然たる性風俗とはいえないが、女性はマッサージの技術や免許を持っているわけではなく、客の鼠蹊《そけい》部《ぶ》から睾丸の周囲までを触る、微妙にエロティックな行為となる。

その分、一般的な性風俗よりも美人度が圧倒的に高い。つまり、客は若くて可愛い女の子と個室で二人きり、束の間の癒しとちょっとしたエッチな気分を楽しむのだ。

以前別の取材で協力してくれた人が、やはりメンズエステを数店経営していて、ツイッターに女の子の写真をアップしているのを時々見かけるのだが、そこには驚くような美人が写っている。また制服が超ミニスカートということもあり、誰もが目を見張るほどの美脚である。

「メンズエステって、すごく綺麗な娘《こ》が多いですよね」と聞くと、

「ウチもいい女、多いっスよ」と、ニヤリと笑う。

その目尻を下げた笑顔には何とも愛嬌があり、失礼ながら決して好男子ではないが、「可愛らしい」とでも言おうか。後にドライバー時代、デリヘル嬢にモテて何人も関係を持ったと聞かされるのも、納得できる気がした。今もメンズエステの美女たちに、「食事に行こう」「飲みに連れていって」と常に誘われるという。

稲森によれば、メンズエステで働く女性はキャバクラ嬢と重なるのだという。だから自然と美人が多くなる。最初は客との会話が苦手だったり、お酒の飲めない娘がメンズエステに流れ、すると「お金稼げるよ、しかも風俗じゃないし」という情報がキャバクラ嬢の間に浸透したようだ。

そうなるとキャバクラをやりながら昼間や休みの日にメンズエステでアルバイトする娘も増え、キャバクラとメンズエステの相関関係が生まれた。

そんな会話をしているうちに、僕らはすっかり打ち解けていた。僕も決して社交性に富んだ人間ではないので、これは稲森満夫の持つ、何とも不思議な人間としての魅力だろう。

そうこうしているうちに我々は個室に入り、飲み物をオーダーする。カラオケボックスでインタビューするときはいつもそうなのだが、まずは室内に流れているBGMを止める。そして少し効き過ぎていた冷房を調整したりしているうちに飲み物が到着する。

ICレコーダーをオンにしてインタビュー開始。

まず、「デリヘルドライバーをやる前というのは、どういうお仕事をされてたんですか」と聞いてみると、稲森は、

「へへへ、コレ」

とばつの悪そうな顔で笑い、左手の小指を立ててみせた。

それは、第一関節から先が綺麗に消えていた。

この男がヤクザ者だったのか。ますますわからなくなった。

「子どもの頃は悪ガキですね。気が強い方じゃないんで、小学校の頃はイジメられて泣いて帰った記憶もありますけど、中学に入ったら不良になっちゃった、みたいな。学校もほとんど行かな

いで、仲間とゲーセンなんかでたむろってだらだらしてましたね。そもそもヤンキーの多いとこなんですよ。真面目な子かヤンキーしかいない。普通の中学生ってのがいないんですね。一〇歳年上の兄貴がいまして、それがもうヤンチャで、遊びに来る友だちは全員ゴリゴリのリーゼント、そんなのを見て育ってますから、自然に悪くなっちゃったって感じですかね」

稲森満夫は茨城県の日立市に生まれ育った。父親は建設業。荒っぽい仕事だが、真面目一方の人だという。高校には一応入学したが、半年で退学してしまう。遊びの方が優先したからだという。

「周りが暴走族ばっかりでしたから。自分は入ってなかったんですけど、バイクを改造するのが好きだったんですね。プラモデル作ってるみたいな感覚で。それで一応就職もしたんですが、続かなくて、その後はバイトして金ためちゃあバイク改造してって日々でしたね」

実家住まいだったこともあり、稲森はそんなふうに地元のガソリンスタンドでアルバイトなどしつつ気楽に暮らしていたのだが、十八歳のとき、運命の曲がり角に出会う。

「その一〇歳年上の兄貴が、知り合いの居酒屋で若いの探してるから、お前、ぶらぶらしてんだったら働けって。ところが行ってみたら、そこの経営者が組のナンバーツーだったんです」

兄の知り合いというのは女性で、要するにその居酒屋は、ヤクザのナンバーツーが自分の「女」にやらせている店だったのだ。稲森はその日のうちに競馬・競輪などのノミ屋、その電話取りをやらされ、以降、昼間はノミ屋、夜は居酒屋の手伝いをするが、やがてそのナンバーツーに気に入られ、組の構成員となる。

十八歳でヤクザの組員になってしまうという、そのときの気持ちはどうだったのだろう。

「困ったなという気持ちはなかったですね。むしろ喜んでやってたような気がします」

「アウトローに憧れるという」

「そうですね。そういう気持ちはあったと思いますよ」

その組は地元で最も知られている組織で、構成員は約五〇名。稲森が知り合ったヤクザは当時五〇歳を過ぎたベテランのヤクザで若頭を務めていた。

稲森は若頭の運転手兼付き人となり、スラックスに犬の絵が描いているようなセーター、頭は坊主という典型的なヤクザの舎弟スタイルで、これまた典型的なヤクザカー、ベンツS500のハンドルを握る日々となる。

「こういう格好（Bボーイ風）してると怒られちゃうんですよ。『おめえ、もう若いあんちゃんじゃないんだから、ちゃんとした格好しろ』って。自分、まだ十八だったんで、『若いあんちゃん』だったんですけどね（笑）」

それからはまず若頭の家まで迎えに行き、会合への出席からショバ代の集金。飲みの席への送り迎えに床屋への送迎など、公私ともに仕えることになった。

若頭は話が面白く冗談も言うが、同時にヤクザとして筋も通す尊敬できる人だった。しかし稲森は、「半面、絶対敵に回したくない人」と言う。

「ヤクザの言葉で〈絵図を描く〉というのがあるんですが、知ってますか」

「いいえ」

「裏でいろいろと策を企んで仕組むことなんですけど、そんな〈絵図描き〉が好きな人でした」

説明してもらった。

単純な例を挙げると、地元のとある工場前の道路に油の染みができていたとする。出入りする車両から流れることはよくあることだろうが、厳密に言えば法律違反なのだそうだ。そこで組員のひとりに右翼団体の人間を演じさせ、怒鳴り込んで責め立てる。しかしその工場の経営者は、実は若頭の知り合いなのだ。困り果てた経営者は、地回りのヤクザである若頭に相談を持ちかける。すると若頭は「組長の方にも相談してみたんだが、あの右翼はどうやらたちが悪い。金で解決するしかないが、安い額では手を打たないだろう」などと言って金を奪い取るという寸法だ。

実に単純なマッチポンプだが、稲森によると地方のヤクザの商売というのは、ほとんどがそういう方法論で成り立っているそうだ。ショバ代、カスリ、もしくはみかじめ料と呼ばれるものもそうだ。

相場はデリヘルなどの風俗業で、規模によって月に一〇万から二〇万円。キャバクラなどは少し安くて五万円前後。違法ポーカーゲーム屋などは十五万から二〇万円。

新店ができると、稲森たちが素知らぬ顔で出向き、

「おたくはどっか面倒見てもらってるところあるの」と聞く。相手が「ない」と答えると、

「ここら辺りはウチのシマ内なんで面倒見るから、何かあったら言ってね」と優しく言ってその

日は帰る。しかしこれは単なるジャブで、後日、若い衆を行かせて騒ぎを起こさせる。例えばゲーム屋だと「出ねえじゃないか、ふざけるな」というふうに。

そこで稲森たちが行って、チンピラ役の若い者をつまみ出す。そして店の人間からいくらか受け取り、「こういうことがあるから俺たちがいるんだよ」と諭し、月々のショバ代を決めるのだという。

「稲森さんたちは、たまたま通りかかったという設定なんですね」

「そうそう。若い衆に『何十分後に行くからちょっと騒いでて』って言って、白々しい顔で行く。だからゲーム屋の人間もわかってるんですよ。でもそこで『嫌だ』って言うと面倒なことになるから仕方なく払う。田舎のヤクザなんていうのは、そのくらいしかシノギがないんですね」

ただし、そういったショバ代と先ほどの絵図描きにはひとつだけ違いがある。ショバ代は組に入る金だが、絵図描きは自分の懐に入ることだ。小遣い稼ぎである。

そして稲森自身も、そんな軽い気持ちでやった小遣い稼ぎで小指を落とすことになる。

やはりマッチポンプの保険金詐欺で、組の幹部クラスの男から持ちかけられた。

方法はこうだ。その男のBMWを駐車場に止めておいて、若い構成員にレンタカーを借りさせ、思いっ切りぶつけるよう命じる。駐車場の中だから、当然一〇対〇でぶつけた方が悪い。しかしレンタカーなのでぶつけた組員の方に損害は及ばない。保険で解決できる。そこで稲森が知り合いの板金屋や修理工場に頼んで相場より高い見積もりを出してもらい、保険会社から奪った金を山分けするという寸法だ。

実にシンプルなやり口で、簡単に金が手に入る。保険会社は損をするが、それも彼らの仕事のうちだ。何の問題もないはずだった。だが、その話を持ちかけてきた幹部の男のことを、稲森の直属の上司である若頭がひどく嫌っていた。

そもそもこういった、組に利益を与えない小遣い稼ぎをやるのは、幹部クラスだけに許された暗黙の遊びのような面があった。それを稲森が、よりにもよって毛嫌いしている男と調子に乗って絵図を描いていると知ったら、若頭が激怒するのは間違いない。

けれど大丈夫なはずだった。バレる理由がないからだ。ところが、レンタカーをぶつけた若い構成員が、若頭に媚を売りたかったのか「稲森がこんなことやってますよ」とチンコロ（ヤクザ用語で「密告」の意）したのだ。

若頭は稲森に対して特に怒りは見せなかった。ただしその嫌いな幹部に対して、「お前のせいでウチの若い衆には指を詰めさせた」と言えば貸しができる。そのために落としてこいと言われた。この辺りの計算高さと非情さが敵に「回したくない」ゆえんだろう。

「同じ組の中でも対立というか、勢力争いみたいなのがあるんですか」

「それほど大げさなものじゃないんですが、やはりそれぞれ兄貴分の筋が違ったりすると、仲がいい悪いというのはあります。特にその幹部の人は若頭よりずいぶん若いんですがイケイケで、うるさく意見するので煙たかったみたいです。それと、仲悪いくせに一緒に麻雀打つんですよ。たぶんウチの親父（若頭）、負けが込んでたんじゃないですか」

　稲森はそんなふうに笑う。

「指を落とすっていうのは、具体的にどうやるんですか」

「輪ゴムでね、縛るんですよ」

　まずは四、五時間縛って血を止めておく。その時間がものすごく痛い。これがなんとも鬱陶しい、イライラするような痛さなのだという。そしていざ落とす直前には、氷水で冷やして感覚をなくす。

　使うのはノミと金槌だ。兄貴分にやってもらったという。

「一、二の三、でいくからな」と言われた。しかし実際は「一」でドンッと落とされた。おそらく「一、二の三」でやったら恐怖で手を引いてしまう恐れがあるからだろう。ちなみにヤクザ映画でよくある、ドスで指を落とすという方法は前時代のもので、血が大量に出るので現在やる人間はほとんどいないという。

　落とした小指をハンカチに包んで、「落としました」と報告に行った。

　若頭は一瞥しただけで、

「よし、わかった」とあまり興味がなさそうに言った。

　稲森は若頭のことをヤクザとして尊敬し、人間としても好きだったが、このときだけは少し「悔しかった」と言う。自分みたいなちっぽけなヤツの、その小指の先に過ぎないが、失ったと報告して「よし、わかった」だけか、と。

その後は組が世話になっている病院へ行く。残された小指が化膿しないよう処置してもらうのだ。縫合する前に、飛び出している骨を切る。爪切りで切るようにパチンパチンとやる。

小指の先とはいえ、落とすということには緊張感があったのか、また輪ゴムで縛っていたときのやり場のない痛みから解放されたせいか、医者が骨の先を丸めているのを見ているうちに稲森は眠ってしまった。

目が覚めると縫合が終わり包帯が巻かれていて、

「縫ってるときに寝た人は君が初めてだよ」と医者に笑われた。

ヤクザ社会にいて、身の危険を感じることはなかったのだろうかと聞いてみた。

「ありますよ」と、稲森はこれといった感情を表さず答えた。

「北関東抗争ってのがあったんですよ。週刊誌のヤクザ記事なんかを読んでる人は、誰でも知ってる有名な抗争です」

二〇〇三年に勃発した、五代目山口組弘道会と、住吉会住吉一家親和会による抗争である。当時の親和会は栃木全域から群馬東部および茨城西部と広大なエリアを縄張りとしていたが、そこに関西から弘道会系東海興業の大栗組が進出したのが原因だった。

大栗組の事務所に親和会系の組員が保冷車を突入させる事件が発端となり、その数時間後には親和会系田野七代目の事務所に十数発の銃弾が撃ち込まれ、翌日には群馬県大泉町で親和会京睦会幹部が銃撃されて死亡。まさに殺し合いになった。

稲森が所属していた組の地元までは広がらなかったが、片方の組とは親戚筋だったため、「守る」という形にならざるを得なかった。幹部は全員変装し、車もベンツやセルシオ、プレジデントといったヤクザカーから、カローラやスバルに乗り換えて行動していた。

そんな中、若頭は身を隠し、稲森は自宅の留守番を命じられる。

「抗争になったとき、一番に狙われるのがナンバーツーなんですよ」

組長を殺しても、ナンバーツーが成り上がるだけで組織は崩れない。組長はいずれ引退するので、ナンバーツーのタマ（命）を取ってしまえば、若い衆だけになるので組は弱体化するという構図だそうだ。

稲森はたったひとり若頭の自宅で、一軒家の雨戸をすべて閉め切り、渡された散弾銃を抱えて震えながら、眠れぬ夜を幾晩も過ごした。散弾銃なんて、もちろん撃ったことはない。武装したヤクザが押し入ってきたら、自分は何の抵抗もできず死ぬだろう。そう思いながら脅えた。若頭の自宅は街道沿いで車の往来が激しかったので、急ブレーキの音がするたびに心臓が止まりそうになったという。

そんな緊張感に苛まれる生活の中で、稲森が何より解放され、楽しく気楽に過ごせたのが、実はデリヘルドライバーをやっていた時間だった。ヤクザ生活の後半、五年間くらいのことである。

中学の同級生にワルだが商才のある男がいて、地元でキャバクラなどを手広く経営していたのだが、最近デリヘルという風俗がはやり始めたのでやってみたい。ついては稲森の組で「ケツ持ち」(ヤクザに後ろ盾をしてもらうこと)をお願いできないかと言ってきた。その界隈で風俗店を経営する場合、組に話を通さなければならない暗黙のルールがあったからだ。

若頭に相談してみたところ、「お前の裁量でやってみろ」と言われたので、みかじめ料を一般的には最低一〇万円のところ、友だちだからと五万円で話をつけた。

元同級生は、デリヘルもすぐに繁盛させた。勝因のひとつには、地方都市では大抵、無料のタウン誌がビジネスホテルやラブホテル、レンタルビデオ店などに配布されているものだが、それに広告を打ったことだ。これによって客がホテルで広告を見て、デリヘル嬢を呼ぶというシステムが生まれた。風俗はすでにネット広告の時代に入ろうとしていたが、これならパソコンを持っていない客でも嬢が呼べた。

もうひとつは、「ギャル専門店」と謳ったことだった。ヤンキーが多い土地柄というのは少女たちも同じで、募集広告を出すと、髪を金色に染めメイクがケバい元ヤンの女の子たちを苦労せずに集められた。土地柄のせいか、客も派手なギャルを好む者が多く、一気に人気店となる。

稲森は経営者である元同級生にドライバーと内勤の電話応対を手伝ってくれないかと言われ、昼間のヤクザ仕事を終えると、よほど忙しくない限りは顔を出して手伝った。友人はその分のギャラを支払ってくれたので、いい小遣い稼ぎにもなった。

所属する嬢は三〇人前後、そのうちの一〇人ほどが出勤するという形だった。

「ほとんどが元ヤンのギャルですね。残りはメンヘラ。普通の娘っていうのがいない、そんな店ですよ」

メンヘラとは「メンタルヘルス（心の健康）」が訛った形のネットスラングだ。いつの間にか最初の意味とは真逆の、「心が病んだ人」という意味になった。そういう娘の手首には、無残なリストカットの痕があった。

「明るくて客とタメ口きくようなギャルが人気だったけど、メンヘラにも一部ファンがいるんですね。やっぱり心病んだ客だと波長が合うんですかね」

冒頭にも書いたが、「店の女の子と仲良くなっちゃうなんてことは」と聞くと、

「それはもう、日常茶飯事」と、少し照れながら答えた。

「こんな自分でも、向こうから誘ってきますから」

送迎をする車の中で、「終わったらご飯に連れていって」と言われ、食事をして、そのままホテルへ行った。

「やっぱりあの娘たちって、ストレスがすごいんですよ。ときには妙な客もいるんで。今でも覚えてるのは、ホテルに入って九〇分間、ずっと鼻を舐められ続けたって娘がいました。『化粧は落ちるし臭いし最悪！』って言ってましたね。だからそういう愚痴をうるさがらず聞いてると、

親身になってくれてるって思うんじゃないですかね」

「稲森さんの性格というか、優しさもあるんじゃないですか」と言ってみると、

「いや自分、面倒臭がり屋なんですよ」と笑う。

「だから女の子の話にいちいち答えるのが面倒で、とにかく『ごめんな、ごめんなあ』って謝って、『店のためだから我慢してくれよな』って」

なるほど。女性は会話の中に答えを求めないという。とにかく話を聞いてくれるのがいいのだ。

その風俗店では、ごくまれにだがヤクザの「ケツ持ち」仕事もした。

酔っていたのか、客が嬢を殴ってしまい、彼女は携帯を持ってホテルのトイレに逃げ込み助けを求めてきた。

そういうときは犬の絵が描いてあるセーターに、坊主頭というヤクザの若い衆スタイルの稲森が駆けつけると、客はすぐに大人しくなった。

デリヘルドライバーとして関わって稲森が感じたのは、

「これはボロイ商売だ」、つまり「簡単に儲かる」ということだった。

「人気のある女の子さえ揃えていれば、客が呼ぶのは目に見えてましたから。九〇分コースで一万八〇〇〇円。取り分は女の子が六割に店が四割。多いときは一日で六、七〇本出たんで、それだけで店には一日で五〇万ほどが入る」

稲森によれば地方都市のデリヘルでは、女の子が五〇〇〇円から一万円程度のプラスで本番さ

せるのが普通だった。客はセックスできると思えばほぼリピーターになった。だから店も黙認した。

「風俗はヤクザなんかより何倍もいい商売だ」

このときの体験がその後の稲森の人生に図らずも反映されていくのだが、その前に、彼の人生は大きな転換を迎えざるを得なくなる。


組織の体制が少し変わり、若頭には組から複数の若い衆が配属され、付き人として世話をすることになった。

稲森もそのとき組に入ってすでに一〇年。若頭はこれを機に、

「お前も俺の下働きは卒業だ。別の兄貴分の下で修業しろ」と言った。

そこでついたのが当時四〇代半ばの幹部。若頭の舎弟筋だったのでよく知ってる人ではあったのだが、ついて半年ほど経った頃、その男が悪いクスリに手を出すようになる。コカインだった。

朝一〇時、兄貴分からの電話で起こされ、車で迎えに行く。そこから組のさまざまな用事をこなし、サウナが好きな男で、夕方からは毎日必ず行った。家に帰ってからビールやウイスキーを飲み始めるのだが、途中からクスリも併用した。「クラック」と呼ばれる煙で吸引できる状態にしたコカインで、兄貴分はそれを水パイプで吸った。中毒性は端で見てても凄まじく、人格が加速度的に崩壊していくのがわかった。

まずは幻覚・幻聴、そして奇妙な思い込みが頻発する。

オートロックのマンションにもかかわらず「誰かが潜んでいる」と脅え、また兄貴分は独身で室内犬のポメラニアンを飼っていたが、その犬を指差し「あいつは夜中になると俺を食おうとする」とか、対立する組の者にリモコンで操られているなどと言い始める。

それはやがて稲森にも向けられるようになり、お前は組の誰々と画策して俺を追い落とそうとしただろう、お前はよその組のスパイに違いないと詰問し、その頃には髪を伸ばしていた稲森は、何度も頭を丸めさせられた。

「覚せい剤っていうのは一回やると一週間くらいハマるじゃないですか。でもコカインっていうのは不思議なクスリで、朝になるとすっかり覚めてまともになってるんです」

そこでまた翌朝一〇時には電話で起こされて迎えに行く。そして夕方からはサウナ、夜は酒とドラッグ。そして妄想・詰問という生活が繰り返される。それが約一年続き、当然、兄貴分の精神状態は壊滅的に悪化した。

「それでこっちも気が狂いそうになって、飛んだんです」

飛んだとは、黙って逃げ出したということだ。

クスリも御法度だったが、断りなく組を抜けるのも許されることではない。

稲森はそのとき手元にあった二〇万円ほどを握りしめ、着の身着のまま地元を離れ、東京に向かった。

兄貴分にはもちろん、若頭をはじめ、他の組員ともそれ以来一度も会っていない。

探し出されて制裁を加えられるという恐怖もないではなかったが、それ以上に兄貴分の妄想から逃れたかった。

「稲森さんにとって、ヤクザ社会とはどんなものでしたか」

と聞いてみた。すると、

「確かに最後の頃は辛かったけど、それでも一般の社会に比べると、ヤクザの世界の方がよほど綺麗だと、自分は思いますよ」と答えた。

ヤクザ社会の方がよほど綺麗――それは彼が味わった、次の体験から見出されたテーゼであった。

着の身着のまま二〇万円ほどの現金だけを手に上京した稲森は、少しでも節約しようと夜は漫画喫茶の安いナイトプランで過ごし、昼間はハローワークへ通った。

しかし身元も定かでない、面接用のスーツすら持っていない男を雇ってくれるところはなく、稲森はひと月近く職探しに明け暮れた。持ち金は予想以上に早く減っていき、朝食を抜き、そのうちに昼飯すら食わずに一日一食。次第に電車賃を使うのすら不安になって、面接先まで歩いた。

やっとのことで雇ってもらえたのが、銀座のとあるレストラン。「串揚げとワインの店」というふれ込みの、ミシュランにも載っている高級店であった。しかし稲森はそこで冷たい社会を初めて体験する。

「ヤクザの社会っていうのは、まず仲間意識なんです。もちろん人間ですからいいヤツも悪いヤツもいますけど、基本はかばい合いなんですね。その店には、それがなかった。こんなに冷たいものなのかと思った」

串揚げ屋なので、下っ端の仕事はまず具材を串に刺していく仕込みだが、一度教えられただけで、後は自分でやるようにと言われた。しかしそう簡単に覚えられるものではない。ましてや一〇代からヤクザ稼業に入り、普通の仕事などほとんどやったことのない三〇男にとっては。

そこでまだ二〇歳前に見える先輩に、

「すみません、もう一度教えてもらえますか」と頼むも、

「さっき教えましたよね」と丁寧な口調でそっけなく断られるだけだった。

住むところは店が寮として借りている2DKのマンション。真冬だった。二つの部屋にはすでに年下の先輩二人が入っているので、稲森はキッチンの床で毛布にくるまり震えながら寝た。そして孤独に喘ぎながら、

「やはりヤクザの世界に戻ろうか」と何度も考えたという。

実は、彼にはその前にもうひとつの出会いがあった。

漫画喫茶に泊まり一日一食に切り詰め、電車賃をケチり歩いて職探しをしていたある日、ハローワークの駐車場で疲れ果て、その場に座り込んで残り少ない煙草を吸っていた。

するとひとりの中年男が稲森を見つめていることに気付いた。やがて近づいてきて、

「仕事探してんのか」と聞いた。

そうだと答えると、

「風俗、やる気ないか」と言った。

そして「お前、飯食ってないんじゃないか」と近くの喫茶店へ連れていかれ、スパゲティを食わせてくれた。さらに別れ際には一万円札を握らせ、「しばらくはこれでなんとかしろ」とまで言ってくれた。

男は在日韓国人で、都内で不動産会社から風俗店まで手広く経営していた。今準備中の風俗店が三カ月後に開店するので、もしよかったら働いてみないかということだった。

それからも時々銀座の店に電話してきて、

「元気か。飯でも行かないか」と誘い、食事と酒を奢ってくれた。

稲森はその恩義に応え、三カ月後に銀座の店を辞め、男の下で働き始めた。場所は秋葉原で、派遣型のファッションマッサージ。そこから約八年、いくつかの店舗でキャリアを積み、一年前から現在のメンズエステ店の店長を任されるようになった。

「その社長さんは、なぜ稲森さんに声をかけたんだろう」

そう聞くと稲森は、

「なんでしょうね、根性ありそうな顔してると思ったとか言ってましたけど」と笑う。

「ハローワークで根性ありそうな、風俗で働けそうな人材を探していたと」

「不動産の方の募集を出すので来ていたそうです。そのついでに、風俗の方は自分で探してた。本当は、ハローワークで直接『働かないか』と声かけるのはいけないことらしいんですけどね」

一般の仕事は募集広告で探せるが、風俗店で働けそうな人間は、顔を見て判断するしかなかったということだろうか。

最後に、今までの人生で一番辛かったのは、やはり東京に出てきたときですかと聞いてみた。

すると稲森は、

「いや、やっぱり出てくる前ですね」と答えた。

「クスリやってた兄貴分との時代が本当に地獄でした。いまだに思い出すと胸が苦しくなりますから」

「じゃあ、もう二度とヤクザに戻ることはない」

「ないですね。さっきヤクザの世界の方が綺麗と言いましたけど、でも、やっぱり悪いことしてるわけですから。自分も保険金詐欺とかやりましたけど、そういうことやってると人間、どっか苦しくなるんですよね。だから組で御法度と言われながら、クスリやってた人は多かったですよ。手に入りやすいですしね。覚せい剤なんか、もう腕に注射する場所がなくて、足首に打ってたのもいましたから」

「稲森さんはクスリに手は出さなかった」

「今だから言えるけど、大麻はやってました。あの頃は、マリファナなら中毒性もないし大丈夫だろうなんて軽く考えてましたけど、でも、兄貴分が狂っていくのを目の当たりにせずに、あのままヤクザやってたら、いつか自分もシャブやコカインにも手を出してたかもしれない。自信はないです。だから怖いですよ」

組から「飛んで」逃げてきたのだから、故郷には二度と戻ってないのかと思いきや、意外にも数年前からは時々帰省しているという。若頭はおそらくもう引退していて、兄貴分は死んだか、生きていたとしても廃人なのだろう。組から稲森に何か言ってきたことは今まで一度もない。

両親も彼がヤクザだったことは知っていて、帰る度、
「もう二度と悪さはすんなよ」とたしなめられるという。

何気なく「趣味とか、あるんですか」と聞いてみると、
「釣りです。ブラックバス」と答えた。
「実はそれも田舎に帰る理由なんです。自分、今車持ってないんで、地元に帰って友だちの車で行きます」

茨城には霞ヶ浦やつくば野池群など、バス釣りのポイントが数多くあるそうだ。
そのときふと、稲森のBボーイ・ファッションにアウトドア用のパーカーなどを合わせれば、そのままバスフィッシングのスタイルになってしまうのではと気付いた。するとごく自然に、朝靄の立ち込める美しく静かな湖面に立つ彼の姿が想像できた。

稲森満夫は、自ら望んでこの東京にやってきたわけではない。プラモデルを組み立てるように

オートバイの改造に夢中になっていた少年は、本来、自然豊かな土地で暮らすべきだったのではないか。

僕たちの暮らすこの東京という街はいったい何なのだろう。ヤクザの世界よりも冷たく仲間意識に希薄で、誰もが孤独を抱えている。そして孤独から逃れようと、今夜も男たちは風俗嬢に救いを求めている。

第5章

最後の記憶

印象に残っていることですか。やっぱり初めてドライバーをやったときですかね。女の子を送り届けて、そのときは着け待ちでした。あっ、「着け待ち」ってのは、プレイが終わるまで待つって意味です。そのまま別のところに女の子を迎えに行くときもありますし、近ければ一旦事務所に戻りますから。で、そのときは着け待ちだったんです。大抵は路駐です。夜中に、住宅街の真ん中とかだと、近隣の住人に怪しまれて通報されたりしますから、コンビニの駐車場に入れたりしますけど。

場所は原宿でした。東郷神社の先、神宮前一丁目の交差点を入った辺りのマンションです。だから一度外苑西通りまで出て、青山三丁目から表参道までぐるっと回ってと、そんなことしてたらすぐに六〇分過ぎちゃいましたね。ああ、意外と待ち時間って退屈しないんだなあって思ったのをよく覚えてますよ。

ただ、すごい雨が降ってたんです。秋でしたね。秋の長雨ってやつです。それで女の子を濡らしちゃいけないからって、マンションのぎりぎり近くまで行って車止めて。でも、戻ってきて彼女、何も言わずに車に乗り込んだんです。別に「ありがとうございます」はいいけど、それにしても「お疲れさまです」とか「ご苦労さま」もないんだあって思って。

車走らせてもずーっと何も言わないし、ルームミラーで見たら、窓に頭つけて携帯いじり続けてるから、事務所では何度も顔合わせてた娘だし、こっちが何か言わなくちゃいけないのかなあと思って、

「最近、どう、何か面白いことあった」って聞いたら、

「——昨日、子ども堕ろした」って。

ええ、マジかよって思って。そうか、あんまし込み入った話になりそうなことは、聞いちゃいけないんだなあって。でも、じゃあ、何話せばいいんだろう。「さっきのお客、どうだった」とか、そういうことかなあなんて、そんなことをいろいろ考えちゃいましたよね。


これは清瀬文彦（三三歳）と初めて会ったとき、彼が僕に話してくれたことだ。場所は秋葉原にある本書の発売元、駒草出版の会議室だった。というのは、清瀬はこの本の成り立ちに大きく関わっているからだ。


旧知の編集者、駒草出版の杉山茂勲くんから、「デリヘルドライバーへのインタビュー集の企画が、宙に浮いている」という話を聞いたのは、今から二年ほど前だっただろうか。その企画者が、本書の担当である編集K氏である。当時は別の出版社の社員だった。ところがその会社の経営が傾き、本が無事出版できるかどうかわからない状態に陥ったのだ。

「いい企画なので、このまま流れてしまうのはもったいない」と杉山くんは言う。

話を進める前に、我々の関係性について書いておきたいと思う。

僕は二〇代の頃から、いわゆるアダルト誌の編集、デザイン、そしてライターを務めてきた。アダルト誌とは、ヌードグラビアがあったり性風俗の記事が載っていたりする、主に男性向けの

雑誌だ。ほとんどが大手ではなく、中小の出版社から発売されている。

インターネットの登場とスマートフォンの普及により、出版界は大きな影響を受けた。中でも強い打撃を受けたのがアダルト系出版社である。何しろネットなら無料でヌード写真やアダルト動画が見られてしまう。現在でもコンビニエンスストアへ行けば「成人向け」と称された雑誌は売っているが、それらはパソコンやスマホを持っていない、あるいは使いこなすことのできない——言い方は悪いが——時代に取り残された層をターゲットにしている。

我々業界内部にいる人間は、アダルト誌のことを愛情と自嘲を込めて、「エロ本」と呼ぶ。現在、コンビニで缶ビールやおでんと一緒にエロ本を買っている人々は、たとえ数年後に生き残っていても、性欲は失うだろう。若者はもう、紙に印刷された女の裸など見ない。つまりエロ本は、近い将来確実に消えていくメディアなのだ。


二〇〇七年四月、『ペッピン』『ビデオボーイ』といった人気雑誌を数々出版していた英知出版が破産申し立てをしたのを皮切りに、同年九月、戦後まもなく創業した桃園書房、司書房という二つの老舗出版社が相次いで倒産。二〇一〇年にはやはり歴史ある出版社、東京三世社が営業を停止した。その他、業界では大手といわれたコアマガジンやサン出版なども、現在コミック誌などで細々と営業は続いているものの、もはや風前の灯火と言っていい状態だ。

どの会社も大幅なリストラや自主退職が進み、アダルト系出版社の編集者たちはちりぢりバラバラとなって各一般誌の版元などへ散った。駒草出版の杉山くんもK氏も、さらに清瀬文彦も、それら元アダルト誌の編集者であった。

僕自身のことを語れば、九〇年代の初めからAV情報誌の老舗『ビデオ・ザ・ワールド』（コアマガジン）を中心に原稿を書いてきた。九九年に初めての著書『アダルトビデオジェネレーション』（メディアファクトリー）を出版することができたが、それも同誌に連載していたAV女優・男優・監督へのインタビューをまとめたものだった。ところがアダルト誌はどんどん消滅していき、二〇一三年には『ビデオ・ザ・ワールド』も廃刊。すべての仕事を失った。

以降、やむを得ず一般雑誌や書籍に職を求めるようになったが、そこでは杉山くんたちだけでなく、数多くの元アダルト誌編集者に出会った。我々はまるで、住むべき国を失った流浪の民のようだった。

そんな中でK氏が企画したのが、デリバリーヘルスという性風俗を陰で支える、「デリヘルドライバーへのインタビュー集」という書籍であり、そのきっかけとなったのが清瀬文彦だった。この年下の友人がアダルト誌の仕事を辞した後、しばらくデリヘルドライバーをやっていたという経験があったからだった。

しかし前述したように当時K氏が所属していた出版社が傾き、企画実現に黄色信号が灯った。その時点で具体的なインタビューイへの交渉もほぼ終わっていた。K氏が杉山くんと同時進行で進めていた、作家・本橋信宏氏による『上野アンダーグラウンド』は駒草出版に引き取られる形で書籍となり、続いてK氏自身も駒草出版に移籍。やっとのことで本書の企画が動き出すことになる。それが、二〇一六年の秋のことだった。

なぜこのような内輪の話を長々と書いたのかというと、今年三三歳の清瀬文彦の青春が、これまで述べたアダルト誌の凋落や性風俗の移り変わりと密接に関わり、さらには携帯電話と出会い系サイト、インターネットとSNSの発達とも常にシンクロしてきたからだ。そしてもちろん、デリバリーヘルスというこの比較的新しい性風俗や、同時に清瀬が本文中で語るライブチャットも、それら社会の動向の中で生まれたものだ。

四、五年前に大流行したライブチャットは現在その勢いをなくし、デリヘルもやがて別の風俗へと取って代わられるかもしれない。けれど、人は残る。そこに関わり生きた人間の言葉を残すことが、本書の意味なのかもしれない。

ともあれ、まずは清瀬文彦の生い立ちから遡ってみよう。

一九八四年、愛媛県西条市に彼は生まれる。県庁所在地の松山までは直線距離で約五〇キロ、車で一時間といったところである。両親と一〇歳年上の姉、父方の祖父母が隣に住んでいたので、ほぼ六人家族のようにして育った。

小学生の頃は地域のクラブチームに入ってサッカーに熱中した。彼が小学校三年生のとき、一九九三年にJリーグが開幕した。世は空前のサッカーブームだったのだ。ちなみに同年一〇月、日本代表が最終予選でイラクに敗れW杯行きを逃したいわゆる「ドーハの悲劇」は、中継が夜中だったので子どもすぎた彼はリアルタイムでは見ていない。

同じ頃、両親が離婚した。原因は父親のアルコール依存症と酒乱だった。

清瀬は酒を飲まない。この企画が新たに立ち上がって以来、編集K氏と三人、打ち合わせと称して何度も居酒屋へ行った。そういう場所へは付き合うのだが、本人は烏龍茶などを飲んでいる。アルコールを受け付けない体なのだという。

本来は父親もそうだったが、母方の祖父が大酒飲みで、若い頃に連れ回されたことで酒の味を覚えた。父親は職業が大工だったため、職人仲間の付き合いもあったようだ。

大工としての腕はよかったという。家族の住む家も父親の手によるものだし、町内の神社、その境内に立つ社務所も依頼されて作ったという。ただし、精神的に弱い部分があったのか、ちょっと嫌なことがあったり何かに追い込まれたりすると、酒に逃げた。

「朝から飲んでたりとか、あるいは一応家族の手前家は出て仕事に行くふりはするんですけど、田舎なんで、飲酒運転でウロウロしたりとか。それと親父、社務所を作った神社に何か思い入れでもあったのか、境内で泥酔して寝てたりしてましたね。それを近所の人に教えられて、母親が引き取りに行ったりとか」

母親への暴力も激しかった。

「一番すごかったのは、親父が母親の足を包丁でザクザクと刺しちゃったことがあって、たぶん僕が四歳か五歳のときだったと思うんですけど、その光景だけは鮮烈に覚えてますね。それからもう三〇年近く経ちますけど、オフクロ、その傷まだ残ってますから」

父親が暴れ出すと、姉と清瀬は隣にあった祖父母宅に避難した。結局、母親は逃げるように家を出て離婚の話し合いが続けられ、清瀬はしばらく父とそのまま暮らすものの、小学校五年生からは、少し離れた街で母と二人住むことになる。一〇歳年上の姉は、その頃には専門学校に進学し家を出ていた。

基本的に無気力だったと、清瀬は自分の少年時代を振り返る。

中学時代は三年間バレーボール部に所属し、体が大きかったこともあり活躍した。高校でも一応入部したものの、三カ月ほどで辞めてしまった。運動をするのも面倒になり、それよりも早く家に帰ってゲームをしたかったからだという。

高校生になった頃、携帯電話の出会い系サイトがはやった。仲のいい友だちと二人でアクセスして、同世代の女の子が見つかると、松山辺りまで会いにいったりした。そうやってセックスも経験したが、決まった恋人ができることもなく、逆にガツガツとナンパして女の子を食いまくるということもなかった。彼のそういった妙に冷めた、淡々としたスタイルは大学に入っても変わらない。

取り立てて将来はこうなりたいといったビジョンもなく、「高校を卒業したら親元を離れたいな」という気持ちだけで、関西の大学を何校か受験した。第一志望は落ちたが第二志望の龍谷大学に合格し、滋賀県大津市にある瀬田キャンパスに進む。けれど、

「大学に入っても変わりませんでしたね。勉強するでもなく、サークルに入るわけでもなく。特定の彼女もいなかったし、女の子と遊ぶことにも積極的ではなかったです。友だちが『コンパがあるから来いよ』といったときにだけ、じゃあ行こうかな、くらいの」と語る。

学費と生活費は奨学金とアルバイト。あとは母親が仕送りをくれたのと、祖父が亡くなったとき残してくれたお金があった。父親からの援助は一切ない。

「お父さんとは会ってなかったの」と聞くと、

「中学生くらいまでは時々会ってました」と言う。

「僕が中二のときでしたかね、親父が仕事中に屋根から落ちて、踵《かかと》の骨を両足複雑骨折したんです。それで仕事ができなくなったんですけど、当時は労災保険が完治するまで無制限に出たんです。だから親父、ずっと酒飲んで遊んでたんですけど、そのとき競艇に連れていってくれたりしましたね。当時の親父のパチンコ、競艇仲間っていうのは同じような人ばっかりで、障害を抱えて、保険でずっと遊んでる人とか」

清瀬は、自分が大学生でありながら、大学生という人種が嫌いだったという。サークル活動やコンパとかで男女が盛り上がって、やたら明るい。そういう若者たちと一緒にいると、否応のな

い疎外感があった。

「だからバイトも友だち関係とか出会いを求めてとかは一切関係なく、ただペイのいい仕事ですよね。パチンコ屋だったり、コンビニの深夜だったり」

しかし、アダルトビデオを主に扱うＤＶＤショップでアルバイトを始めたことから、清瀬の青春に少し違った角度から光が当たり始める。

「いわゆる郊外店です。在庫の倉庫を兼ねてるんでしょう、国道沿いに立ってるような大型店舗です」

アダルトビデオは一九九〇年代前半まで、レンタルビデオが主流だった。それが、テレビ番組『¥マネーの虎』などにも出演していた起業家・高橋がなり率いるソフト・オン・デマンドが登場した辺りから、セルビデオが台頭した。レンタルビデオメーカーはビデ倫（日本ビデオ倫理協会）に加盟していたため規制が厳しかったが、セルビデオ各社は独自の審査機関を立ち上げていたので、既にヌードグラビアなどでは一般的になっていたヘアとアナルを解禁した。これによって爆発的なシェアを獲得、力関係は一挙に逆転する。

また、セルビデオメーカーの多くが返品の利く委託販売方式を取ったため、店舗側に経営ノウハウがなくとも新規開店が可能となった。地方では後継者不足から農業離れが進み、そのため元は田んぼや畑だった土地が大量に余っていた。そこへ大型店舗が続々と出現した。清瀬の大学時代、二〇〇三年から二〇〇六年頃までがまさにその時期であり、彼のアルバイトしたＤＶＤショップも、そんな店のひとつであった。

経営者が特にうるさいことを言わなかったので、店員たちは売り物のセルAVを無料で見ることができた。清瀬は片っ端から、大量の作品を見るようになった。

「AVの何に惹かれたかっていうのは、自分でもよくわからないんですよね。もちろんオナニーネタとして、このAV女優可愛いなあとかいうのもあるんですけど、あれって、東良さんはおわかりでしょうけど、ずっと見てると麻痺してくるんですよね。ちょっとやそっとじゃ興奮しなくなるというか。だから性的な興味以上に、作品的な面白さに惹かれるようになる。一般の映画なんかより全然面白いじゃないかって、そう思いながら熱中しましたよね」

初めて興味を持てるものができたことで、清瀬はアダルト誌、我々業界の連中の言うところの「エロ本」、その編集者になりたいという希望を抱くようになる。

「AV監督になろうとは思わなかったの」と聞くと、それにはまた別の理由があった。

先に述べた清瀬の大学時代、二〇〇三年以降はインターネットが急速に拡大した頃である。そして特に、翌二〇〇四年にはSNSの「ミクシィ（mixi）」が爆発的に流行した。

「エロ本、特にAV情報誌には当然ながらAVレビューというものが載ってるんですよね。そういうのを自分も書きたいと思いました。レビューに限らず、エロ本に載ってる文章というのがいいなあって思ったんです。何というか、一般の週刊誌とか小説とか、そういうものよりもエロ本の文章って自由だと感じたんですね。自分もあんなふうに勝手気ままに書けたらいいなあって」

自分の見たAV作品の感想を、レビュー風に「ミクシィ」に書いてみた。するとダイレクトに反応が来た。「面白い」「文章うまいね」とも言われた。

「だから正直ちょっとうぬぼれたというか、文章にかけては、俺って人より秀でているのかな、なんて思っちゃったんですよね」

さらに、そうやって「ミクシィ」に書き綴っていた文章から、彼の人生は新しい方向へと開けていく。


「ミクシィ」を通じて、とある有名なブロガーと知り合う。彼女は性転換したニューハーフで、日常のありふれた出来事を書きながらも多くの愛読者がいた。メッセージ（「ミクシィ」内のメールのようなもの）を出し、やりとりが始まった。彼女も清瀬の書くものを面白いと言ってくれた。住んでいるのが滋賀と大阪と決して遠くなかったので、やがて一度会おうかということになった。

彼女はひとまわり年上。美人だし、ニューハーフの人に会うのは初めてだったから、正直興味本位もあったのだが、実際親しくなると本当にいい人だった。清瀬は彼女を実の姉のように慕うようになる。

清瀬は大学四年生になり、就職活動を始めていた。

彼女に久しぶりに会ったとき、

「就職、どうや」と聞かれた。

「あんましうまくいかんわ」と答えると、

「私の知り合いが東京でそういうアダルト系の出版社にいるんよ。よかったら紹介しよか」と言われた。

それが、編集のK氏だった。彼もまた彼女の元読者であり、頻繁にメールをしたり、大阪へ遊びに行ったときには会う友人関係になっていた。

そのつてで二〇〇七年四月に清瀬は上京し、K氏の紹介でその出版社の嘱託社員になる。

K氏曰く、

「正社員に推薦することもできないことはなかったんだけど、その頃うちの会社自体が傾いていたから」

そう、既に出版不況は深刻な状況にまで及んでいた。最終的にその会社は民事再生法が適用された。その後二人は別々に新しい就職先を探すことになる。ただし、清瀬は在職中からK氏に、「この会社はもうヤバイから、今のうちに就職先を探しておけ」と言われていた。そして、やはりアダルト誌を発行している出版社の面接を受け、採用される。

そこは、コンビニエンスストアを中心に雑誌を流通させている出版社だった。アダルト誌は、紀伊國屋書店や三省堂書店のような大手に置かれることはない。書店の流通は、町の小さな本屋さんである。不況によってまずはそういう体力のない小規模な小売店が、雪崩のように倒産や撤退に追い込まれた。それが冒頭に書いた二〇〇七年頃である。「エロ本」は、まず売ってくれる書店を失ったことにより衰退したのだ。その点、コンビニ誌を作っている出版社はまだかろうじて生き延びていた。

そこで清瀬はやっと、学生時代から望んでいた「エロ本」の編集者に、正社員としてなることができた。しかし――、

「辛かったです。正直、今も思い出したくないくらいキツい生活でした」と回想する。

清瀬が配属されたのは、ヌードに加え、ジュニアアイドルと呼ばれるティーンエージャーの女の子たちによる、水着写真などで構成された雑誌だった。つまりは撮影が多い。月に四本から五本あった。

撮影が多ければ多いほど、下っ端編集者の仕事はハードになる。まずはカメラマンや先輩編集者から指示される小道具や衣装を揃えること。予算削減のためスタイリストはつかない場合がほとんどなので、これらは編集者の仕事となる。しかもジュニアアイドルと言えば聞こえはいいが、実際は半分素人の女子高生、女子中学生である。単体では絵にならないが、幸いギャラは安いので四人、五人と数の勝負になる。そうなれば小道具や衣装は四倍、五倍になる。清瀬は撮影のたびに徹夜で準備をして、早朝からロケに出かけた。

そして、ロケ車の運転。撮影が終わってモデルの送りまで続く。つまり深夜までである。

しかも運の悪いことに、清瀬がついた編集長は昔気質の人で、新人にものを教えるということを一切しなかった。失敗して覚えていけというタイプである。

「働いているより叱られてる時間の方が長かったような気がする」と清瀬は言う。アパートにはほとんど帰れず会社に寝泊まりする日々が続く。精神的にも体力的にも追い込まれ、夜中にデザイン事務所へ発注に向かうとき、会社の車の中で何度も泣いた。

そんな彼の唯一の息抜きが「出会い喫茶」だった。そしてまさにそこでの「出会い」が、清瀬をデリヘルドライバーへと導いていく。

二〇一七年いわゆる「加計学園問題」で、文部科学省元次官の前川喜平氏が通っていたという報道で「出会い系バー」という存在が一般的に知られるようになった。バー形式か喫茶店かというだけで、「出会い喫茶」もほぼ同じだ。

女性は基本的に無料で入店し、ごく普通にお茶を飲んだりする。男性客はそれをマジックミラー越しに品定めし、気に入った女性客がいたら指名する。援助交際の温床になっていると指摘されるのはそういったシステムからである。

清瀬のような下っ端編集者は、そこそこ仕事を覚えてくると、上司からモノクロの記事ページなどを「自分で何か考えて作れ」と指示されるものだ。何しろ読者はグラビアのカラーページを目当てで買うので、白黒の記事などは、文字と写真で埋まっていればいいと考えるからだ。

二〇〇九年だった。折しも「出会い喫茶」が世間で話題になり始めていたので、潜入取材と称して記事を作るようになった。そこで女の子と知り合い、連絡先を交換し、たわいのない話をする友だちになったり、恋愛感情を伴わないセックスをした。忙しくて彼女を作る暇すらなく、給料も安く風俗に行く金もない若い清瀬にとって、それがただひとつの楽しみになった。

それ以外は相変わらず辛いだけの毎日だった。入社して一年が過ぎた頃から、仕事を一通り覚えたらフリーでやっていきたいと思うようになった。そして期限を二年と決め、最後の方はあと半年、あと三カ月経ったら辞めようと自分に言い聞かせて仕事を続けたという。

「そのまま出版社に残って編集長になって、自分の作りたいエロ本を作ろうという気持ちはなかったの」と聞いてみた。

「なかったというか、それは無理でしたね」という答えが返ってきた。

「ちょうど僕が辞める半年くらい前に雑誌がごっそり廃刊になって、大量のリストラで編集者がいきなり三分の一以下になったんです」

いよいよ、かろうじて生き残っていたコンビニ誌にも終焉が訪れようとしていた。清瀬は、「会社自体が終わっていく、消滅していくんだ」という実感をひしひしと感じたという。

そんなときだった。「出会い喫茶」で知り合った女の子から久しぶりに電話があった。

彼女はいわゆる「出会い系ジプシー」の「貧困女子」だった。

高校を卒業し、姉を頼って上京したが、高校時代の部活動で腰か脚を痛めたとかで、立ち仕事ができなかった。ウエイトレスなどの仕事には就けず、キャバクラに体験入店してもうまくいかず、結果「出会い喫茶」で知り合う男からお小遣いをもらい、援助交際をしてしのいでいた。

それがひょんなことからデリヘルとライブチャットという風俗を同時に経営している社長と付き合うようになり、本人もデリヘル嬢になっていた。

「最近どう」と聞かれ、

「うん、実は会社辞めようと思ってるんだよね」と打ち明けると、彼女の店はもともとライブチャットをやっていて、デリヘル部門を始めたばかり。

「男性スタッフが足りないので、手伝ってくれないかな」と言われた。

誘われるままに池袋にある事務所を訪ねてみると、清瀬は彼女の恋人でもある、四〇代の社長と意気投合してしまう。編集部の上司たちのように細かいことは言わない豪快な人物で、「取りあえず飯でも行こうぜ」と誘われ、清瀬の事情を話すと、「じゃあ、ウチの事務所でデスクを貸すから、暇なときはフリーで請けた編集やライターの仕事をそこでやればいいよ」とまで言ってくれた。

こうして清瀬文彦はアダルト誌の出版社を辞め、デリヘルとライブチャットの内勤兼ドライバーになった。

社長は二〇代から風俗業に従事した、筋金入りの夜の男だった。「箱ヘル」と呼ばれる店舗型ファッションヘルス全盛期を、歌舞伎町で過ごした。それが二〇〇三年に始まった石原慎太郎東京都知事（当時）による「歌舞伎町浄化作戦」ではじき出され、しばらくは山梨や群馬などで地方風俗をやったり、風俗コンサルタントなどで稼いだりしていたが、やがて池袋に落ち着くようになる。そこで新たに始めた事業がライブチャットだった。これは続いて彼が開くデリヘルとも関係してくるので、まずはライブチャットから説明してみたい。

ライブチャットとはモニター画面を通じて客と女の子がやりとりする、言わばサイバー型の性風俗である。客は自宅のパソコン画面に向かい、素人女性のプライベートな自室へアクセスする。これは建前で、実際は風俗業者が作った空間だ。清瀬が入った店も、雑居ビルのワンフロアを仕切って、五つほどの小部屋を設《しつら》えていた。そこをブースにして、カメラとモニター画面を置くのだ。女の子たちは客に要求されれば裸を見せたり、用意されているバイブレーターなどを使い、オナニーを披露したりする。

ライブチャットは、DMM.com（ディーエムエム・ドット・コム）から始まったサービスだと言われている。現在FXから英会話、はては3Dプリントまで手がけるこの巨大企業は、石川県にあった小さなビデオレンタル店から始まり、亀山敬司というカリスマ経営者の下、アダルトビデオの販売と動画配信で急成長した。その躍進ぶりは他に類を見ず（あったとすれば堀江貴文のライブドアくらいか）、地元が同じ石川県ということで、森喜朗元総理とのダークな関係も囁かれるほどだ。

そういった無責任な噂は別として、DMM.comと亀山が成した最大の偉業は、インターネットというサイバー空間に確固たるシステムを作り上げ、それによってリアルな世界が半ば自動操縦され、動かされていくということだ。

アダルトビデオを見たことのある人なら、作品の最後に「不良品に関する問い合わせ先」として、石川県加賀市という地名が出ることを不思議に思ったことはないだろうか。タレントの伊集院光がラジオで発言し話題になったこともある。

AVの販売や、一般映画DVD、音楽CDのレンタルなど、システムとしてはネット上に構築できる。ただしそれを実際にユーザーへ届けるためには、梱包・発送という作業をする膨大な手間と人手が必要になる。だからDMM.comは、人件費の安い地元の加賀市にそれを置いた。過疎化で閉店した巨大スーパーを買い取り、パートの主婦やアルバイトを雇ってその作業を効率化したわけだ。

先にセルAVメーカーの多くが返品の利く委託販売方式を取ったと書いたが、その先駆けもDMM.R18の前身、北都というAVメーカーである（現在はCAと社名変更）。これによって同社のアダルトビデオ事業は大幅に拡大し、高橋がなりのソフト・オン・デマンドまでもが駆逐された。AV界は今、CAの一人勝ち状態と言われる。

しかし、Amazon.co.jpのシステムが実際に手作業で荷物を届けるヤマト運輸のドライバーたちを圧迫したように、サイバー空間に作り上げられたシステムは必ずリアル社会に歪みをもたらす。

清瀬が目の当たりにしたライブチャットの末端は、システムの作り出す負の側面が吹きだまりのように押し寄せる、まさに社会と性風俗の底辺でもあった。

風俗業者にとってライブチャットが都合がいいのは、一般女性にとっては風俗への入口になるからだ。客とは画面を通してやりとりするので、実際に触られたり性行為に近いことをやる必要はない。清瀬がその店に入る前に、すでにライブチャットのブームは終わろうとしていた。そこで社長は同じスペースを使い、新規にデリヘルを立ち上げたのだった。しかし、あえてライブチャットは残して併用していた。ブースは嬢の待機所としても使えるし、「風俗ではないから」という動機で入店した女の子に、「これじゃ稼げないでしょ、だったらデリヘルやらないかな」と持ちかけることができるからだ。

この論理は、街で女性に直接声をかけるスカウトマンたちにも有効である。

スカウトマンたちは、すべてスカウト会社と呼ばれる組織に属している。和久井健による劇画で、綾野剛・主演で映画化もされた『新宿スワン～歌舞伎町スカウトサバイバル～』の世界である。彼らは街で若い女性に次々と声をかけ、上玉はキャバクラへ、お金の欲しい娘はソープへ、容姿の悪い娘はデリヘルやピンサロへと、ランク付けしてさまざまな風俗へと割り振っていく。その最下層に、ライブチャットが存在した。

清瀬はそのシステムをこう説明する。

「僕のいたデリヘルでいうと、六〇分一万六〇〇〇円が基本のコースだったんで、女の子には一本九〇〇〇円のギャラが入ります。あとの七〇〇〇円のうち、スカウトバックが二〇パーセントか二五パーセントくらい。それを引いた残りが店に落ちるわけです」

ライブチャットは、ツーショットチャットと呼ばれる一対一のコースが一分二〇〇円。三〇分やると六〇〇〇円になるが、代理店の取り分があるので、女の子には三〇パーセント程度、二〇〇〇円前後のギャラとなる。

つまりスカウトマンたちは、イイ女、売れる女をつかまえればつかまえるほど儲かるのだ。しかし、そういう一握りの売れっ子を見出すために、大量の底辺女子たちが、まるで底引き網ですくわれるようにかき集められる。

それでも、儲かるところは儲かるというアリ地獄のようなシステムである。ライブチャットは、代理店と呼ばれる上部組織に金を払わないと、アカウントが発行されない。代理店は一次から三次まであり、清瀬がいたところは三次代理店だった。三次は二次に、二次は一次に手数料を上納していく。それらが最終的にはすべてDMM.comに吸い込まれるという仕組みだ。

「だから本当にダメな娘は多かったですね。結局、コンビニとか居酒屋とか、普通のアルバイトすら務まらない女の子が引っかかってくるわけです。そういう娘ってデリヘル嬢はもちろん、ライブチャットも満足にできなかったりする」

自称「処女なんです」という女の子がスカウトマンに連れられてやってきた。当然風俗の経験は一切ない。それでもお金が欲しいのでデリヘルをやりたいという。まだ一〇代で若かったが、お世辞にも可愛いとは言えないので、社長も「売れないだろう」と思いつつ雇い入れることにした。彼女が来たのは昼間の時間帯で、デリヘルの営業は夕方からなので、「まずは慣れるためにもチャットの方をやってごらん」とブースに入ってもらった。

客と繋がっていない待機画面でも、カメラさえオンになっていれば、スタッフサイドからは見られるようにモニターされている。すると彼女は小部屋に入った途端爆睡していた。

「なんだアイツ、いきなり寝てんのかよ」、清瀬は呆れつつ自分の編集仕事を進めていた。二時間ほど経ち、そういえばあの娘、ちゃんと仕事してるのかなあと覗いてみると、客と回線は繋がっていない。彼女は部屋に用意されたバイブレーターを膣に挿入し、AV女優並みの派手なオナニーを繰り広げていた。そして、果てるとまた眠ってしまった。結局自称「処女」はそのまま朝まで眠り続けた。

「あの女、何しに来たんだ。オナニーしに来たのかよ」と清瀬たちは言い合った。その女の子は、翌日からはもう姿を見せることもなかった。

清瀬は毎日、デリヘルが始まる午後五時前後に出勤し、編集者時代のコネクションでもらった雑誌の編集やライティングの仕事をしながら内勤をやった。客からの電話を取り、待機している女の子を割り振る。内勤は最初、他にもうひとり男性スタッフがいたが、すぐに辞めたので基本的には清瀬だけ。社長とその彼女、つまり清瀬が「出会い喫茶」で知り合った女の子も手伝うという家族的な雰囲気だった。途中から二人が小型犬を飼い始め、事務所に時々連れてくるようになったので、ますますその傾向は強まった。

所属していたデリヘル嬢も平均して五、六人という小規模な店だ。待っている間、少しでも時間を無駄にしたくない、お金が欲しいという娘はライブチャットをやっていた。客もほぼリピーターばかりだったので応対も楽だった。

顧客情報はすべてパソコンで管理されていた。電話を取るとディスプレイに住所と電話番号、これまで指名してきた嬢の名前が映し出される。新規の客に関しては清瀬が打ち込んでいった。戻ってきた女の子に「今日の客、どうだった」と聞き、「もう、ドSでさあ、お尻叩かれたあ」とか愚痴をこぼすと〈ドS注意〉とか、妙な性癖のある客には〈ちょっと変態〉などと書き加えた。

幸いなことに会社を辞めても、食うには困らないくらいフリーの仕事があった。アダルト出版社はどこもリストラが進み、社内でこなせない作業が外部の人間に回されるようになっていたのだ。清瀬は昼夜逆転の生活を楽しく過ごしていた。特に原稿書きなどは、深夜、誰もいない事務所でする方がはかどった。

そして運転。専任のドライバーがひとりで請け負っていたが、夜の深い時間になると客のオーダーが重なり、清瀬がかり出されることになる。しかしその時間もまた、彼にとっては外の空気が吸える、いい息抜きになった。

冒頭に記した「昨日、子ども堕ろした」の一件があったので、嬢とは当たり障りのない会話しかしなかった。だからというわけではないが、清瀬は純粋に、車を走らせることを楽しんだ。夜の東京には、昼間とはまったく違った顔があった。

ナビに入れた住所を頼りに行くのだが、思わぬところに行き止まりがあったり、驚くような急坂に出くわしたり、坂道だと思って進もうとしたら下りの階段になっていてドキッとしたこともあったが、そんな街角に現れる、ひとつひとつの風景が物珍しく面白かった。

「俺はきっと、誰も知らないもうひとつの東京を見ているんだ――」

そんなことを思った。

着け待ちのとき車から出て、携帯を眺めながら煙草に火を点けるのも好きだった。街灯の下に立って煙を吸い込むとき、この半径数百メートルの中では俺以外、きっとほとんどの人間が眠っているんだろうなと考えた。起きているのはさっき送り届けたデリヘル嬢と客だけで、その二人もプレイという名の別世界に入り込んでいる。

それは編集者時代、会社の車の中で泣いていた暗闇とは、まったく違った夜だった。

けれどそんな日々も長くは続かなかった。

業界的にもブームがどん詰まりだったこともあり、清瀬の店のライブチャットはどんどん廃れていった。そもそも店の入ったビルのオーナーというのが、議員のどら息子（と言っても四〇歳は過ぎていたが）でスポンサーのひとりであり、同時にライブチャット二次代理店の経営者でもあったため、儲からなくても撤退しにくいという事情があったのだ。

デリヘルの方も社長の彼女がひとり人気者で頑張ってはいたが、社長が再び風俗コンサルタントとして各方面からお呼びがかかるようになったこともあり、次第に先細りになっていった。社長はコンサルタント以外にも別の事業も手がけていたので、留守をすることが多くなった。事務所はいつの間にか清瀬が編集やライター仕事に使う専用スペースのようになり、ドライバーとして声がかかることもすっかり減ってしまった。

そんなある日いつものように夕方から事務所に行くと、見知らぬ女の子の二人組がいた。女の子、といっても片方はおそらく三〇代半ば、もうひとりは若くて二〇歳そこそこ。ゴスロリ風の服装をしていた。

そのときは珍しく社長がいて、レズビアンの出会い系サイトで知り合い、その日のうちに意気投合したカップルなのだと言った。二人とも仕事もなければ住む家もなく、ライブチャットはブースに住み込みで働くこともできると知ってやってきたらしい。店としてもレズチャットというのは、めったにやる娘たちがいないこともあり、人気があるので雇うことにした。

そんな説明だけして、「じゃあ、あとは頼むよ」と社長は帰っていった。

清瀬はデスクに向かって仕事を始めた。原稿書きに集中していたが、しばらくして背中に嫌な感じの視線を感じた。振り返ると年上の方の女が立っていた。

女は、尋常ならざる負のオーラを放っていた。ボサボサの黒髪。野暮ったいベージュの半袖ポロシャツを着ていて、下はお婆さんがはくような黒のズボン。何気なくポロシャツから伸びた腕を見て思わず声を上げそうになった。手首から二の腕、腋に近いところまで、両腕がリストカット痕でズタズタだった。

（コイツは相当やばいヤツなのかもしれない――）

そう思ったが、話してみると意外にまともだった。

清瀬のデスクの後ろに面接用のソファがあって、女は「ここで音楽聴いていいですか」と聞いた。音楽くらいかかっていても原稿は書けるので、「いいよ」と言って仕事に戻った。するとしばらくして、背後から大音響が響いた。旧式の携帯電話で鳴らしているのだが、ガラケーでこんなデカイ音が出るのかと思うほどだった。鳴っているのはJポップのバラードのようだが、音が割れ過ぎて曲目は判別できない。

ちょっと音を小さくしてと注意しようと思っていたら、今度は、

「うわあぁぁぁぁッ――」と絶叫する声が響いた。

振り返ると、女は涙をボロボロ流して号泣していた。

驚いて「どうしたの」と近づくと、「ごめんなさい、ごめんなさい」と繰り返して泣き続ける。号泣し、嗚咽しながら女が語ったのは以下のようなことだった。

一緒にいる若い方の女の精神状態が悪くて、今はブース内で眠って落ち着いているけれど、彼女のことを考えると心配で仕方ない。私よりも精神的に弱い子だから、と。

（おいおい、コイツよりやべぇヤツがまだもう一人いるのかよ。マジ怖ぇなあ）と思ったが、女は泣き止むと少し落ち着いたのか、「戻ります」とブースの中に消えた。

大丈夫かなと心配しながらも再び原稿書きに集中していると、こんどは小部屋の中から、

「ぎゃあぁぁぁぁッ」という悲鳴が聞こえた。

もう一人の女の子の方が目を覚ましておかしくなったのかと思い、「大丈夫か」とドアをノックするが応答はない。内鍵でロックされていて開けることもできなかった。チャットのカメラもオフにされていて、モニター画面も真っ暗だ。

本気で恐ろしくなった。事務所はビルの五階だ。ブースのある小部屋には窓がある。飛び降りられたら確実に死ぬ。

清瀬は「大丈夫か」「開けてくれ」と叫んでドアを叩いた。

どれだけ叩き続けていただろう、不意に、何の前ぶれもなくドアが開いた。そして今までの騒ぎが嘘だったように、今度は若い方の女が平静な表情で立っていた。

「大丈夫か」と聞くと、

年上の方の女が精神的に不安定で、泣き出してしまったが、今は落ち着いたようで眠っていると、さっき別の方の女が言ったことを、まるでオウム返しのよう呟いた。そして、

「お騒がせしてすみません」と丁寧に頭を下げた。

ゴスロリみたいな格好は変わってるが、実はこっちの女の方がまともだったのか。そう思って

改めて見ると、レースのちょうちん袖から伸びる腕は、こちらも両腕が手首から二の腕までがズタズタだった。

これが、清瀬のデリヘルと、ライブチャットにおける最後の記憶である。

それから一、二週間は通ったはずなのだが、直後にコミックの電子書籍を制作する会社に入ることになり、急に忙しくなったせいかあまり覚えていない。

社長はその後、数カ月は続けたようだが、結局事務所を閉めた。清瀬と「出会い喫茶」で知り合い彼をデリヘルへ誘ったその恋人とは、今でも続いているようだ。

二人組の女は、その後どうなったのかはわからない。

清瀬文彦の周辺では、エロ本にコンビニ雑誌、ライブチャットにデリヘルと、さまざまなものが終わっていき、彼はそれらを一定の距離を持って見つめてきた。

ただし、アルコール依存症で酒乱だった父親とは、東京に出て以来、とうとう最後まで会うことはなかった。

清瀬の父は六年前、若年性アルツハイマーを発症し、五〇歳の若さで死んだ。

父親はある夜地元の、自分で社務所を作ったことで思い入れがあったという神社の、賽銭箱をノコギリで切っていた。それを近所の人に見つけられ、「明らかに様子がおかしい」と入院措置が取られた。

『新橋アンダーグラウンド』著者の“東京異界”シリーズ

横丁、路地裏、色街跡 昭和の怪しさを訪ね歩く

昭和の怪しさが今も色濃く残る上野には、あまりにも多くの秘密が眠っている。西郷隆盛像が上野公園に祀られた真の理由、中国エステに占拠された“九龍城ビル”、会員制ゲイサウナの実態、パチンコ村のディープすぎるカネ事情、不忍池にたたずむ闇の女たち、テレビでは放映できない年末のアメ横舞台裏――。人はなぜ、この“異界”に引き寄せられるのか。

日本一カオスな街・上野。
その不思議な魅力を徹底取材！

本橋信宏
上野アンダーグラウンド
Ueno Underground
『東京最後の異界 鶯谷』著者の最新作
横丁、路地裏、色街跡
昭和の怪しさを訪ね歩く
数奇な歴史と高低差に富む地形
人はなぜこの街に引き寄せられるのか
駒草出版

本体：1500円＋税

『上野アンダーグラウンド』
本橋 信宏
四六判・並製／336ページ
2016.7.21

目次

まだまだあります!!

膨張する首都を支える島々の“知られざる内部”へ

全75島 MAP収録

東京湾諸島
加藤庸二
KATO YOJI
TOKYO-BAY ISLANDS
増殖する
人工島群
物流島、発電基地、海上要塞、ごみ埋立地…
膨張する首都を支える島々の“知られざる内部”へ
駒草出版

本体：1800円+税

次々に造成されていく人工島は東京湾の岸辺を埋め、その数は70島を超える。しかし、それらの島は何のために造成され、内部はどうなっているのか知られていない。東京という都市の不思議を「人工島」という観点から描く。

『東京湾諸島』／加藤 庸二／A5変形・並製
256ページ／2016.11.1

日本各地に残る驚きの神仏像120体を厳選

好評3刷

オールカラー

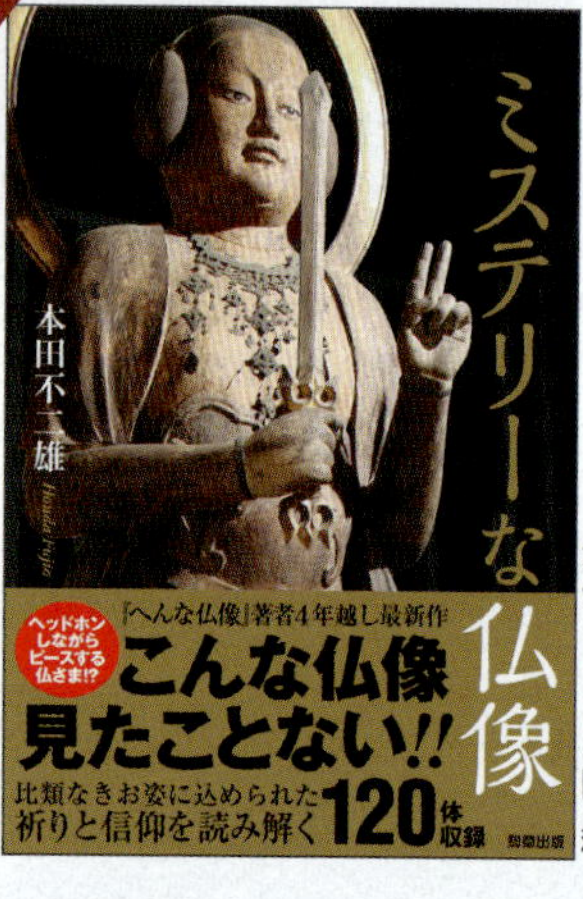
ミステリーな仏像
本田不二雄
『へんな仏像』著者4年越し最新作
ヘッドホンしながらピースする仏さま!?
こんな仏像見たことない!!
比類なきお姿に込められた祈りと信仰を読み解く120体収録
駒草出版

本体：1500円+税

日本で唯ひとり「神仏探偵」を自称する作家が、いまだ見たことのない仏像を日本中に探し求めその謎に迫る、これまでになかった仏像ガイド。ガリガリに痩せ衰えた阿弥陀如来、体内に臓器と骨格をそなえた秘仏、Vサインをする謎の菩薩……。いったいなぜ、そのような姿でなくてはならなかったのか。現地取材の臨場感とともに綴る。

『ミステリーな仏像』／本田 不二雄
A5判・並製／256ページ／2017.2.22

書店様にてご注文いただけます
お問い合わせはこちらまで
駒草出版 株式会社ダンク 出版事業部
http://www.komakusa-pub.jp/
〒110-0016 東京都台東区台東1-7-1 邦洋秋葉原ビル2F
Tel.03-3834-9087 Fax.03-3834-4508

清瀬の父親は、「賽銭箱に一〇〇円玉投げたら、つり銭出てくる人生がいい」と歌われる、長渕剛の『ＲＵＮ』という曲が好きだったそうだ。

第6章

夜の魚

今こうして仕事場の「iMac」のディスプレイに向かい、志葉淳について書こうとして、思い浮かぶのは「孤高」という言葉だ。

取材前、一足先に紹介者を介した顔合わせで会っていた編集K氏は、志葉のことを、「全身に夜の匂いをまとったような人です」と表現した。

レストランのコックから始まり歌舞伎町のホスト、闇金業者から風俗店の店長、その後もバーやナイトクラブの料理人などを経てきた彼は、まさに夜の街の住人というのがふさわしいだろう。

しかし志葉ほど、夜の街の誘惑に染まらなかった男も珍しいはずだ。端的に言えば、金、女、酒だが、彼はこの二〇年余り、それらを欲するでもやみくもに拒否するでもなく、ただ一定の距離を取って冷ややかに眺めてきた。言い方を変えれば、自分の有り様というものを、一瞬のゆらぎすらなく貫いてきたとも言える。

ただし面と向かって受ける印象に、そういった頑なさは一切ない。むしろしなやかで、淡々とした雰囲気がある。

そして何より目を惹くのは、そのビジュアルと佇まいだ。すらりとした痩身に整った顔立ち。長めの黒髪で、切れ長の目には、何とも形容のしがたい色気があった。

おそらく編集K氏が感じた「夜の匂い」とは、その色気だったのではないか。例えばその日志葉は黒のスラックスにプレーンな白いワイシャツ、黒い麻のジャケットを着ていた。それは実にシンプルな出で立ちで、決してお洒落なものではなく、他の誰かが身に着けていたら、むしろ野暮ったいものだったかもしれない。しかしひとたび志葉が身に着けると、何か別の輝きに包まれるようだった。

特にその印象を強くしたのはインタビューの後だった。この本のために協力をお願いしていた、とあるインターネットのサイトのために写真撮影を行った。場所は新宿歌舞伎町仲見世通り界隈。日が落ちた時間帯、ネオンサインに照らされてアスファルトの上に立つ志葉の姿は、あまりにもその雰囲気に溶け込んでいた。そして何ら構えることも照れることもなく、ごく自然にポーズを取った。ふと、水族館の魚のようだな――と思った。

ネオンの輝く歌舞伎町の夜は、人工的に作られた巨大な水槽だ。志葉淳はそんな夜の海を、たったひとり群れることなく、しなやかに泳ぎ続けてきたのだ。

一九九〇年代の初め、バブルの狂乱が少しばかり鳴りを潜めた東京に、彼は十八歳で出てきた。銀座にある有名レストランの従業員として、である。

「どうしてレストランだったのですか」と聞くと、

「料理人になりたかったからです」と答えた。

「いつからそういう希望を」

「子どもの頃からですね」

志葉淳は一九七五年、静岡県の網代《あじろ》に生まれる。熱海の南、その名が示すように漁師町である。

父親もともとは漁師で、その後は水産加工業に転じた。

志葉は物心のつく頃から料理に興味を示し、小学校の卒業文集にも「将来は料理人になりたい」と書くような子どもだった。

「男の子で、そんなに小さい頃から料理が好きというのは珍しいと思うのですが」と問うと、

「――そうでしょうね」と素っ気なく答える。

「何かきっかけはあったのですか」と聞いてみても、

「母の手伝いをしたことかな」とあまり要領を得ない。

「お母さんは料理がお得意だった」

「そうですね。いろいろと作ってました」

取材を通して志葉の答えはすべてこうだった。一貫して一言で、短く抑揚なく答える。最初は「機嫌が悪いのかな」「取材を受けるのが本当は嫌だったのかな」といぶかったのだが、話を進めていくとそうでもないようだ。

沈黙が続くとこちらが困っているのを見透かしたのか、男ばかりの四人兄弟、長男だったので自然に母親の手伝いをするようになった、パンを作ったり、クッキーを焼いたりしてるうちに楽しいと思うようになったようだと、説明した。

「そうやってお菓子や料理ができていく過程が面白かったのかもしれない」とも言う。

味覚にも敏感な子どもだった。決して裕福な家庭ではなかったから、街へ出て外食することは

めったになかったが、そういうときに出てきた料理には、「家で母親や自分が作った方がよほどおいしいのに」と感じたという。

そんなふうに幼い頃から将来は料理人になろうと決意していた少年は、高校も地元の水産高校へ進学する。食品科学科という、料理の知識を得られる科があったからだ。男子校ではないが女子は極端に少なく、偏差値が低かったので志葉曰く「ビーバップハイスクールみたいな世界」というヤンキーだらけの環境だったようだが、友だちとバイクで海岸沿いを疾走したりして、それなりに楽しい高校生活を過ごした。

そして三年生になり、学校に来た求人の中で銀座のレストランを見つけ、そこに就職することを決める。

「フランス料理のレストランだったので、コース料理というものを学んでみたい」と思ったからだ。

銀座だけで四店舗を構える有名店であった。志葉は本店に配属されたが、最初は厨房には入れずホールでの修業から始まった。

出勤は午前九時。開店は午前十一時からで、閉店が午後一〇時なので午後十一時過ぎまで、早番遅番はなかったので働きづめに働いた。結婚式なども行われる大きな店舗で、そういうときは何百人分もの料理を運んだ。そして永遠に終わらないかと思われる大量の汚れた皿を洗い、普段のランチもディナータイムも戦争状態で休みは週に一日だけ。住まいは店が寮として借りているマンションで、２ＤＫに四人。休みの日はひたすら寝て過ごすだけだったという。

一年経って異動願いを出すと受理され、晴れて厨房に入れた。もちろんそこでも下働きからなので、玉葱の皮を延々と剥いたり、一日中キャベツの千切りを続けた。

ホールをやっていたときに、突然辞めてしまった同僚がいた。あまりの忙しさに音を上げて、店に無断で来なくなっていたのだ。同い年で寮も一緒だったが、何も言わずに逃げ出していた。その男から、ある日突然電話があった。

「今、歌舞伎町でホストをやってるんだ。楽だし儲かるからお前もやらないか」と言った。

すると志葉は、あっさりその誘いに乗り、フランス料理店を辞めてしまう。

子どもの頃からあれほど料理人になりたいと志していたのに、なぜそんな簡単に諦めてしまったのか。それを問うと、

「いや、別に諦めたわけではないので」と言う。

志葉は本店で約一年厨房の修業をした後、同じ銀座だが、新橋駅近くの支店へと配属になっていた。コックだけで二〇人以上いた本店に比べ、そちらは厨房に五人。客も満席で三〇人ほどのこぢんまりした店で、そこでは下働きだけでなく料理も任されたという。

その店で約半年、ある程度仕事は覚えたのでもういいかなと思ったという。

「志葉さんとしてはいつでも料理人に戻れるからと」

「そうですね」

と言うのだが、そこから志葉の迷走が始まる。やはり、若気の至りだったのではないか。

しかも「ホストをやってみようと思ったのは」と問うと、

「まあ、興味本位ですね」と答える。

どうにも納得できない部分もあるのだが、とはいえそこで銀座のフランス料理店を辞めてしまわなければ、志葉はデリヘルドライバーにはならず、こうして取材をお願いすることもなかったのだからと、話を先に進めることにした。

年代で言えば一九九五年前後。調べてみると伝説のホストと呼ばれる愛田武が愛田観光株式会社を率い、歌舞伎町で五店舗ものホストクラブのオーナー兼カリスマホストとして君臨していた時代だ。

ホストという職業が、マスコミで持てはやされていた。人々の中にまだ、バブルへの肯定感と回帰願望が残っていたのだろう。だからアルマーニやヴェルサーチに身を包み、フェラーリやベンツを駆って、有閑マダムに億ションをプレゼントされるというホストたちは、誰もが羨む輝かしい存在だった。

そこから失われた二〇年が続くなんて、誰も予想していなかった。またいつか景気のいい日々が訪れると、何の根拠もなく信じていた。志葉淳もそうだったのかもしれない。料理人にはいつだって戻れる。だからちょっとホストでもやってみるかと、軽く考えたのかもしれない。

だからというわけではないが、現在四〇歳を過ぎた志葉は、

「やってみたらけっこう地獄でしたね」と振り返る。

なぜなら彼は酒がそれほど強くなかった。にもかかわらず、ホストとはまず飲むことが仕事だったからだ。

新人に指名してくれる客はいない。だから先輩のヘルプにつく。ということは接客とか女性客に色をかけるということより前に、まずはテーブルに置かれた酒を飲み干して、新しいボトルを入れさせなければならない。

ときにはシャンパンが六本、七本と並び、それらを全部胃の中に流し込む。さらにはピッチャーにウイスキーと一緒に混ぜて飲む。一気飲みゲームが始まると、マッカランやオールドパーなど、高級ウイスキーをロックやストレートでガンガンいく。

志葉は毎日店のトイレで吐きまくり、それでも「飲め」と言われると、客の前では頭からかぶってみせた。ナイーブなイケメンの彼がそういうバカなことをやると、女性たちも笑って許してくれた。

それでも志葉は二〇歳から二四歳までホストを続ける。辞めてしまわなかった理由は何なのだろう。そう聞くと、少し考えて、

「なぜだろう。そう言いながらも、楽しかったのかな」と、あまり楽しそうでもなく答える。

ひとつ言えるのは、志葉も時代も若かったのだろう。客も、クラブのホステスやソープ嬢は月に一〇〇万から二〇〇万円を使って遊び、中には月三〇〇〇万円を支払った未亡人もいた。

志葉の収入も多いときで月給三〇〇万円。酔った勢いで新車のカマロをキャッシュで買ったこ

ともある。そしてギャンブル。「闇スロ」と呼ばれる違法スロットマシンのゲームに、ひと晩で平均五〇万円ほどは使った。四年間で博打に消えた金は、億に届くだろうという。

ホストといえば「女」というイメージがあるが、「お客さんと恋仲になったことは」と聞いてみると、

「二人ほど、ありましたね」と答える。

水商売の女性だった。

「綺麗な人でしたか」と問うと、

「綺麗とか、綺麗じゃないとかは、あまり関係なかったですね。一緒にいて楽とか、そっちの方が大切だった」と言う。

「一緒に暮らしたとか」

「そうですね、何カ月かは」とやはり素っ気ない。

「あまり思い出に残ってないのでしょうか」

「うん、残ってないですね。ひょっとすると、さほど好きじゃなかったのかもしれない」と、まるで他人事のようだ。

志葉は現在も独身だ。恋人もいないという。高校生の頃は近所の女子校の娘と付き合い、銀座のレストラン時代も、忙しい合間を縫って通った自動車教習所でひとりの女性と出会い、ごく普通の恋愛をした。

「ホストをやって、どこかねじ曲がってしまったのかもしれない。女性からは金を引っ張るとか、そういうことをどうしても考えたから」

以降、同棲した経験などもあったそうだが、自分としては、恋愛らしい恋愛はしていないと語る。付き合う相手は「いたらいたでいいし、別にいなくてもいい」と、そう思っている。

四年経ってホストを辞めようと思ったのは、やはり酒だった。ある日背中が痛くてたまらなくなって医者に行くと、「肝臓が弱っている。糖尿も出ている。このまま同じ生活をしていたら命の保証はできない」と言われ、ホストから足を洗う決意をした。

それから酒はほとんど口にしていない。パーティーなどがあったとき、乾杯で口をつけるだけだ。そもそも、他人がなぜ酒を飲むのかがわからない。志葉にとって酒とは、ただ眠くなり気分が悪くなるだけの液体だ。

「でも、ホストでそれだけ稼いでいて、生活落とすのは大変じゃなかったですか」と聞くと、「そうでもなかった。お金には固執してなかったから」と答える。

このクールさはいったい何なのだろう。志葉と会話している間、この問いだけが頭に浮かび続けた。

約ひと月、何もせずぶらぶらして過ごした。それまで少なくとも月収二〇〇万円以上はあったというのに、志葉に貯金は一銭もなかった。すべて日銭で使い切っていたのだ。

ホスト時代の同僚が闇金業者に転じていて、「やらないか」と誘われたので乗ることにした。「何も仕事をしていないし、断る理由もなかった」からだ。

都内に二〇店舗を保有する、その業界では大手。志葉は田端にあった支店に勤務した。街中から少し外れた雑居ビルの一室。朝八時に出勤し、やることは、ただひたすら電話をかけまくるだけだった。闇金業者の間には、消費者金融各社で債務を抱えている者たちのリストが出回っている。これは第七章・船橋啓介の話にも登場するが、志葉の経験はもう少し細部にまでわたる。

まずは午前中から午後三時までは、そのリストを見て「借りませんか」という勧誘の電話。しかし午後三時以降は一転、債務者に「なんで返さないんだ」という催促と恫喝に変わる。銀行ATMの当日振り込みが午後三時で締め切られるからだ。

志葉のいた支店には従業員が八人。ほとんどが元ホストだった。一〇畳程度の一室。二〇代半ばまでの若い男が八人、午後三時から夕刻まで、受話器に向かって怒鳴り続けるという異様な光景が繰り広げられた。

「志葉さんもやったの」

「やりましたよ」

穏やかな口調で言葉少なに語る志葉には、何とも似合わない仕事に思えた。

債務者のデータはすべて取ったうえで金を貸しているので、親や兄弟、ときには幼い子どもにまで電話して恫喝した。

「子どもに電話するっていうのは、具体的にどうするんですか」

「学校にかけるんですよ。——ちゃんの親戚の者ですが、身内に急な不幸があったのでとか言って」

子どもが出ると、「お前の親父が金借りて返さねえんだ。親父に早く返せって言っとけ、ばかやろう」と怒鳴りつけるという。

「子どもは泣き出したりしませんか」

「泣きませんね」

授業中に誰かが死んだからと呼び出され、電話で「親が借金している」と怒鳴られる小学生の姿を想像すると、胸が締め付けられた。泣くより以前に、驚きで声も出ないのではないか。

「悪い仕事ですよ」

志葉にしては珍らしく、感情をあらわにした声で低く言った。

仕事だからと自分に言い聞かせて続けたが、良心の呵責に苛まれ、半年で辞めた。

次に就いた仕事が性風俗だった。

ホスト時代のお客さんがオーナーになって、渋谷にマットヘルスの店を出すので店長をやらないかという話だった。

特に嫌な仕事とは思わなかったので、やってみることにした。ホスト時代の客にはソープ嬢も多かったので、性風俗には何の違和感もなかったという。また当時はホスト仲間と一緒に、「営業」と称してよく風俗へも遊びに行っていた。名刺を出し、「俺、ホストやってるんだ。今度遊びに来てよ」と誘うわけだ。

女性との親密な付き合いを面倒だと感じ、恋愛というものにも無頓着な志葉にとって、性風俗は後腐れのない気楽な遊びだった。

マットヘルスとは、ソープランドにあるエアマットを敷いてサービスするという形式の風俗だ。渋谷道玄坂にあったビルのワンフロアを借り切り、七つほどの個室をベニア材で仕切って作った。仕事としては掃除をしたり受付をしたりという一般の従業員と同じだったが、警察に届けを出さない無許可店だったので、オーナーとの取り決めで、もしも摘発があった場合は志葉が責任をかぶるという条件の下、月給五〇万円と優遇された。

オーナーはバイタリティーのある三〇代半ばの女性で、もともとは有名サッカー選手の妻で、そのときは弁護士と再婚していた。そもそも父親が自民党の代議士だったというお嬢様である。やってみると、風俗店の仕事は意外と性に合った。ホストのように無理に酒を飲む必要もないし、闇金のように良心も痛まなかった。女の子は四〇人ほどが在籍し、人気店となった。ちょうど二〇〇〇年を跨ごうかという頃。渋谷の風俗店に活気があった頃だ。しかし、オーナー女性の予想は図らずも的中し、店は摘発を受け志葉は逮捕されてしまう。

「夕方でしたね。突然刑事が五、六人来て、そのまま連れていかれた」

店は渋谷だったのにもかかわらず、なぜか愛宕署だった。考えられるのは、儲かっていたので同業他店にねたまれ、無許可店であることを密告されたのだろう。地元の渋谷署に通報して一斉取り締まりなどになると、まさにやぶ蛇だからだ。

二週間勾留され取り調べられたが、志葉は打ち合わせ通り、オーナーは自分だということで押し通した。しかし警察の方も実はわかっていたという。

「要するに彼らは、検察を納得させられればいいんです。だから俺にも『(検事には)絶対にお前がオーナーだと言えよ』と」

「点数稼ぎということなのかな」

「そうでしょう。警察なんてそんなもんです」

何しろオーナーの夫は弁護士なので、そのつてで優秀な弁護士がつけられ、七〇万円の罰金刑で志葉は釈放された。

オーナーは少しも懲りず、今度は「飛ばし」と呼ばれる形態ですぐに店を再開する。受付だけを別のビルの一室に作り、そこに客が来るたび、志葉が元の店舗に案内するのだ。つくづく商魂たくましい女性である。けれど、摘発はまた半年後にきた。

個室を作ってプレイする方のフロアは普段鍵をかけていたせいか、警察は今度は志葉の自宅にやってきた。連れていかれた先は品川署だった。

志葉は「まあ、ずっと働きづめだったから、少し休息かな」と二度目の勾留を過ごした。

「自分では、悪いことをしてるとは思っていないから」と言う。

こういった精神のタフさもまた、彼の特出すべき点に違いない。普通ならたとえ自分は悪いことはしていないと考えていても、留置所に入れられるのは、大きな負担になると思うのだが。

「ハア、参ったなとは思いますよ。無駄な時間を過ごさせられるわけだから」

ここでもまたクールな姿勢である。

「眠れましたか」と聞くと、

「看守に呆れられましたね。お前、初日からよく眠れるなって」と少しも笑わずに言った。

釈放されるとき、担当の刑事に、

「お前、次をやったらもう先はないぞ」と釘を刺された。

それもあって、女性オーナーとのパートナーシップは解消した。彼女が今、何をしているのかは知らない。「間違いなく金はあって、いい暮らしは続けているだろう」と志葉は確信している。

その後しばらくして、志葉淳はデリヘルドライバーになる。ホスト時代の後輩がデリヘルを始めたので、暇なら運転手をやってくれと頼まれたのだ。性風俗は志葉が渋谷でやっていたような店舗型から、風営法の改正などで派遣型へと移り変わろうとしていた。

勤務時間は夜の九時から翌朝五時まで。車の運転は好きだったし、ホスト時代の経験もあって、デリヘル嬢の愚痴を聞いたりするのは少しも苦にならなかった。客が嬢に本番強要したことが数回あり、浴室に二人の男が隠れていて、三人がかりで襲われた女の子が悲鳴を上げて電話してきたこともあったが、他には特に語ることはないようだ。

「車を走らせながら何を考えていましたか」と問うと、

「早く終わらないかなあと、それだけですね」とつまらなそうに言った。

出勤し、店の車を借りて主に二三区内を巡り、朝方ガソリン代を精算して帰った。給料も月三〇万ほどと、それまでで一番安かった。けれど想像するに志葉の人生において、最ものどかで穏やかな時代だったのではないか。

店は西新宿にあった。「どうやって通っていたんですか」と聞くと、

「家が中野だったので、自転車で」と答えた。

ごみごみとした住宅街を通り、大久保通りから青梅街道を越え、のんびりと自転車を走らせる志葉の姿が目に浮かぶ。彼は三〇歳になっていた。

四年が経ち、後輩の経営するデリヘルは決して繁盛しなかったわけではないが、景気に波があり、暇な時期はとことん暇だった。そうなるとドライバーに支払う給料も滞ることになり、志葉は友人関係なので「少し待ってもらえますか」と言われることもしばしばだった。

そろそろ料理の世界に戻ろうかと考えた。

タイミングよくホスト時代の後輩三人が歌舞伎町にホストクラブの新店を出すことになり、そこに店長兼料理人で来てくれないかという話が舞い込む。張り切って働き始めたものの、店はあまりうまくいかず、三年余りで解散した。

その頃になると、あれほど華やかだったホスト業界は衰退の一途をたどっていた。さらに三年

目に入った頃、客を呼べる人気の若いホストたちが次々と辞めていったので、傷が深くならないうちに撤退しようという判断だった。

志葉は知人の紹介で渋谷のカジュアルなピザレストランで再び料理人として働くが、これは三カ月経ったときに給料が滞った。世の中がデフレスパイラルと言われ出した頃である。次に、最初に勤めたホストクラブの会社が六本木にバーを持っていて、そこにバーテンダー兼、ちょっとしたつまみなどを作る料理人として呼ばれた。午後七時から深夜〇時までの早番をひとりで勤めたが、ここもやはり経営が芳しくなく、一年ほどで辞めざるを得ない状況になった。これが三年前。すべての仕事を失った志葉は、ホスト時代の先輩が池袋で経営するセクキャバに頼み込み、職を得た。

セクキャバとは、セクシーキャバクラの略だろうか。いわゆるグレーゾーン風俗である。女の子はひらひらした胸のはだける衣装を身に着け接客する。酒を飲ませ、乳房を触らせ、最後にキスをする。下を脱いだり触らせたりすると、営業停止になってしまう可能性があるのでそこまでだ。志葉は掃除などの下働きから始め、最近になってやっと、嬢の出勤管理など重要な仕事も任されるようになった。

休みは週に一日だけ。とにかく忙しい日々が続いている。休日は何をしているんですか、と聞くと、

「DVDを見るくらいかな。本当は映画館へ行きたいんだけど、そんな時間もなかなか取れなくて」

と言う。

「映画がお好きなんですか」

「ええ、子どもの頃から」

意外な気がした。そのクールな性格から、映画のような創作物は、絵空事のように感じているのではないかと勝手に思い込んでいた。故郷の網代に映画館はなかったので、中学生になってからは熱海まで出かけていたという。

「どんな映画がお好きなんですか」

「何でも」

「エンターテインメントから芸術作品まで」

「ええ、そうですね」

そしてここで、もうひとつ意外な言葉が出た。

「映画の話なんかを、女の子とするのも好きなんです」

ただし、それはどうやらホスト時代に培われたもののようだ。情報を入れておかなければ会話ができないので、テレビドラマなどもすべて録画した。その習慣は現在も変わらない。

「最初は好きで始めたんだけど、もうルーティンみたいになってる。だから今の仕事(セクキャバ)を辞めたら、録画するのもやめてしまうかもしれないけれど」

志葉が一番好きな映画は何なのだろう、と思った。生涯で最も愛する一本、これを聞くと、何よりその人の人格がわかるような気がする。

「ゴッドファーザーですね」

と即答した。

「志葉さんくらいの世代だと、リアルタイムじゃないのでは」と聞くと、

「パートⅢは映画館で見ています」と答えた。

調べてみると『ゴッドファーザー PARTⅢ』の日本での公開は一九九一年。志葉淳が十六歳のときだ。おそらく熱海の映画館で見たのだろう。

言うまでもなくフランシス・フォード・コッポラ監督による『ゴッドファーザー』三部作は、マーロン・ブランド演じるドン・コルレオーネを始祖とする、イタリアン・マフィアの年代記である。それは息子のマイケル・コルレオーネ（アル・パチーノ）へ、そして『PARTⅢ』ではアンディ・ガルシア演じるマイケルの兄の愛人の息子、ヴィンセント・マンシーニへと受け継がれてゆく。

一族の荘厳なクロニクルを、十六歳だった志葉はどんな気持ちで見たのだろうか。おそらく真っ直ぐ純粋に料理人を目指していた一〇代の夢と希望は、ホスト、闇金といった夜の闇に次第に浸食され、損なわれていったに違いない。そう、まるで米国アイビーリーグの名門ダートマス大学を卒業し、海兵隊に従軍。第二次世界大戦の英雄として帰還したマイケル・コルレオーネが、やがて父と同じマフィアの道を進み、殺し合いに傷ついていったように。

けれど、志葉は自分のこれまでの人生を少しも悔いてはいないと語る。

それでも、と僕は思った。

「あのとき、銀座のお店を辞めていなければ――、そう考えることはありませんか」

そう聞くと、志葉は珍しく時間をかけて思いを巡らせ、

「そうですね。帝国ホテルへ移って修業しないか、という話もありましたから」と、事もなげに口にした。

「――帝国ホテル」

帝国ホテルというとホテルオークラ、ニューオータニと共に「御三家」と呼ばれる、日本を代表する高級ホテルである。特に日本で初めてバイキングというスタイルを取り入れたことで知られる「インペリアルバイキング サール」は、我が国における洋食レストランの最高峰だという。

「その銀座の店の総料理長がもともと帝国ホテル出身で、志葉はそっちへ行った方がいいから、紹介すると言ってくれて」

「つまり志葉さんはその料理長に才能を認められていた」

「そう思ってくれてたんだと思います。包丁をもらいましたから」

驚いた。

「大切な包丁をもらうなんて、めったにないことなんじゃないですか」

「――そうですね。めったにないことです」

帝国ホテルへ移る話が来たときに、ちょうど歌舞伎町のホストクラブに誘われた。そこで店を

辞めますと告げると、料理長から、

「君は辞めない方がいい」と諭されたという。

しかし志葉は聞き入れず、寮の荷物もそのままに夜逃げしてしまった。

料理長には、以来一度も会っていない。

「当時で既におじいちゃんだったから、もう亡くなっているかもしれない」と言う。

「その包丁は今でも持ってるんですか」

「もちろん持ってます。その包丁でしか料理はしませんから」

自宅では当然ながら、実家に帰省するときも必ずその包丁は持参する。そして故郷の海の幸を料理して、年老いた両親に振る舞うのだ。

だからあのとき店は辞めてしまったけれど、料理長が認めてくれたという思いは、その包丁と共に今も心にある。

「それが志葉さんの自信になっているのですね」

「うん。だからどの仕事も真面目にはやってきたつもりですよ。ホストにしても、闇金は、まあよくはないけど、デリヘルドライバーも、今のセクキャバも。その仕事に就けば、一生懸命やります」

実はホスト時代の同僚で実業家になっている男がいて、これまでも風俗店を経営したり、カジノを開いて失敗もしているのだが、数年前からごく一般的な飲食店を開きたいと言っている。料理人は志葉しか考えてないから、お前もそのつもりでいてくれと話しているという。

「その夢は、いつ頃実現しそうですか」

「わからないけど、そうだな、あと三年後くらいには」

「三年というのは」と聞くと、

「まあ、そのくらいで人生の半分だと思うので」と笑った。

最後に、今何かやりたいことはありますかと問うてみた。

「映画館で映画が見たいのと、あとは旅行ですかね」

「――旅行」

「ええ。ホスト時代の同僚で一緒にデリヘルドライバーもやってた人と、そのときのデリヘル嬢二人、四人で時間が合えば温泉に行ったりするんです」

これまた少し驚く答えが返ってきた。

「デリヘルの女の子と。何だかすごく意外な感じがするけど」

「そうですね。俺もそう思いますよ。その三人とだけは、妙に気が合うんです」

そう軽やかに語る志葉淳の表情からは、「孤高」の香りが少し薄らいだ。彼が「夜の海」から上がるのも、さほど遠くない気がした。

Intermission

テーマパーク

ハルは、かつて自分がデリヘル嬢だったことを他人には言わない。恥ずかしい過去だと思ってるわけじゃない。言っても伝わらないからだ。きっと「お金が欲しかったんだろう」とか、簡単に男と寝るビッチだって思われるだけだ。でも、人生はそんなに単純なもんじゃない。

風俗のスカウトに声をかけられたのは歌舞伎町だ。その頃ハルはホストクラブにどハマリして、「初回荒らし」を続けていた。ああいうお店は初めて行ったときだけ安い。だから週末の夜ごと、違う店を覗いて遊んでいたんだ。OLのお給料でできるのはそのくらいだ。

ホストクラブに連れてってくれたのは同じ秘書課の先輩だった。「絶対面白いからハルも行こうよ」と言われ、内心、ホストなんて女好きでナルシストな軟弱野郎どもなんだろうと思いつつ、でも、いい人でいつも面倒見てくれる先輩の誘いを断っちゃ悪いからってついていった。だけど、そうしたら一発でハマッちゃったんだ。

ホストにもいろんな子がいた。女好きでナルシストな軟弱野郎もいたけど、真面目でシャイで可愛い子もいた。でもそういった個性とかじゃなく、彼らには息苦しい日常から救い出してくれる、一瞬の魔法みたいなものがあったんだ。ハルはディズニーランドには一度も行ったことはないけれど、ああいうテーマパークの好きな女の子も、同じようなことを感じてるんじゃないか、そんなことを考えた。

確かにあの頃、ハルの日常は息苦しかった。高校生の頃からバイトして頑張って学費を稼いで、好きな英語を勉強するため短大へ行った。本当は四大に行きたかったけど、バイトで稼げるお金じゃ無理だったんだ。何とか卒業して、青山にあった不動産会社に就職した。これでお母さんにちょっとはお金送ってあげられるかなって思った。

配属されたのは経理部だったけど、入社三日目で突然社長から、

「お前、秘書課に来い」って言われたんだ。

バカバカしい会社だった。全社員合わせても七〇人しかいないのに、社長秘書が七人もいた。全員、社長の好みの女だった。社長は色白ぽっちゃりタイプが好きで、当時四〇キロくらいしかなかったハルは、顔を合わせるたびに「もっと太れ」って怒鳴られた。

七人もいたら、当然やることはない。だからみんなで相談して、役割分担を決めた。社長が脱いだ上着をかける係、内線の社長直通ボタンを押す係。晴れた日は、玄関にお出迎えして日傘を差しかける係。ハルは社長の夜ご飯を頼む係だった。そのときの社長の気分を考えて――考えたってわかるはずないんだけど――決める。お鮨と鰻、どっちがいいですか、みたいな聞き方すると叱られるので、「今夜はステーキ弁当でいかがでしょう、社長」なんてお伺いを立てるわけだ。

一番バカらしかったのは、社長が接待に出かけるときだ。夜の七時頃から出かけるんだけど、秘書は帰らないでずっと待ってなきゃいけなかった。しかも夜中の二時、三時までだ。やがて社長の運転手から秘書課に電話がかかってきて、そうしたら社長室の前に七人がずらりと並んで、

「お疲れさまでございます！」ってやる。

すると社長はひとりに二万円ずつ、つまり合計十四万円分の諭吉を、

「そうら、お前ら、拾え」って床にばらまくのだ。

残業代のつもりなのか、いったい何のためにそんなことをする必要があるのかサッパリわからない。「ご苦労さま」って手渡しすればいいだけの話じゃないか。

それで自分が偉ぶりたいとでも思ってるのなら、社長は正真正銘のバカだ。

ハル以外の秘書課の女の子たちもそう思ってるから、「これから飲みいってこのお金パッと使っちゃおうか」とか「でもこの時間から飲みいくと明日ツライよね」なんて言いながらノロノロ帰っていくのだ。


でも、そういう日常とは関係なく、ハルは自分がいつか風俗の仕事をするんじゃないかと思っていた。せっかく女に生まれたのだから、一度は女にしかできない仕事をしてみたかった。だって、この世には女と男しかいないんだから。そう、ハルは自分も、一度はテーマパークのキャストをやってみたかったのだ。

それにしても、スカウトマンに紹介されて、初めて池袋の事務所に行ったときの「お師匠」は怖かったな。

そこは「社長」と「お師匠」が共同経営みたいな感じでやってるデリヘルで、一応「出張エステ」って名乗ってた。ネーミング的に「ライトな感じかな」なんて軽い気持ちで訪ねてみたものの、二人ともガタイはいいし坊主頭だから、内心「何よ、この人たち。ヤクザなんじゃないの」って思った。特に面接のときは社長だけが質問して、お師匠はマスクかけて一言もしゃべらなかった。目つきもすっごく鋭くて、心の奥まで見透かされてる感じがした。

最初は仲のいい女の子もいなかったから、待機所では携帯いじって時間つぶすしかなかったけれど、入店二日目だったかな、お師匠がひょいっと顔を出して、

「ハル、クリスピー・ドーナツ買ってきたぞ。食わねえか」って言ってくれた。

何《な》んだ、この人優しいじゃんって思ってからは急速に仲良くなった。

面接のときのマスクは、後から聞いたら「俺、花粉症なんだよ」だって。

「終わったら麻雀やるぞ。メンツ足りないから入れ」って言われて、

「麻雀なんてできないよ、ハル」って答えたけど、

「大丈夫だよ。俺が教えてやるから」って。

やってみたらすっごく面白くて、だから麻雀の「お師匠」って呼ぶようになったんだ。

そのうち仲のいい女の子もできて、待機のときはユーチューブ見たりゲームしたり、携帯で音楽鳴らして踊ったりした。あれからもう六年くらい経つけれど、特に仲の良かった二人の女の子とは今も定期的に女子会をやってる。彼女たちはもう結婚して専業主婦。ひとりの子には子どもも生まれた。

そうやって土日はデリヘルのバイトを楽しくやってたけど、平日のOL生活はどんどん苦しくなっていった。社長の気まぐれは日に日に激しくなって、秘書課はサービス残業を押し付けられ

た。ハルは一番若かったし、英語が得意だったから、やらなくちゃいけないことが山のように押し寄せた。かと思うと例の接待のときみたいに、特に仕事もないのに延々と社内で待機させられることも多くなった。

気分はどんどん暗く、病んでいった。お父さんのことを思い出すことも多くなった。

ハルのお父さんは、中学三年のときに死んだ。

山菜採りが趣味で、土日は必ず山に出かけた。だけど、日曜日の夕方五時半には必ず帰ってきた。お父さんはテレビ番組の『笑点』が大好きだったからだ。

でもその日は帰ってこなかった。お母さんやお姉ちゃんと「おかしいね」「どうしたんだろう」と言い合って、山の麓にお父さんの実家があったから、きっとそこに泊まったんだろうということになった。

けれど翌日も戻らず、実家に連絡してみたら寄っていないという。メールしても返信はなかった。

結局、二週間後に山中で首を吊って死んでいるのが発見された。遺書はなかった。自営の商売があまりうまくいってないのは確かだったけど、だからといって死ぬほどの理由は見当たらなかった。

夏だった。腐敗がひどく、葬儀屋さんからは「絶対に棺桶を開けてはいけません」と言われた。それでもお葬式の間中、斎場にはひどい臭いが漂った。

ハルは反抗期だったから、ことあるごとに「死ねよ、クソジジイ」なんて悪態をついた。そんな自分は、最後に父親の肉体が腐った臭いを嗅ぐことになった。バチが当たったとは思わない。ただ、とても後悔してる。今でも。「クソジジイ」なんて言わなけりゃよかった。ちゃんと「好きだよ、愛してるよ」って言ってあげればよかった。

気持ちが暗くて仕方なくて、ある日仕事が終わってから、お師匠と飲みに行った帰り道、ふと、「ハル、死にたいよ」って呟いた。

二人は池袋北口の平和通りから川越街道へ出て、タクシーを拾おうと歩いてた。お師匠は無言で突然、ハルをドンッと車道に突き飛ばした。よろけて倒れ、転んで尻もちをついた。その脇を、車がビュンビュン通り過ぎていった。

「何するんですか」と抗議したら、

「死にたいんだろ」って、ニヤリと笑った。

驚いて涙がハラハラ流れた。

お師匠はハルをじっと見つめ、今度は少しも笑わずに、

「ハル、お前は死にたくなんかないんだよ。だから死にたいなんて言っちゃだめだ」

と言った。

そのときから、お師匠はハルの人生の師匠になった。

こんなことを思い出したのは、Kさんにお師匠の電話番号を教えたからだ。

Kさんはよく行く下北沢のバーの常連仲間で、本の編集をやってる人だ。

お師匠と社長のお店は、あまり儲からなかったみたいで半年で閉めた。ハルはOL生活に戻り、二人はその後JKリフレとかいろいろやったみたいだけど、最終的には社長が捕まってしまった。警察から「女子高生を使うな」って注意されながら、無視して営業してたからだそうだ。

社長はカタギの仕事に就いて、お師匠は知り合いのデリヘルから運転手をやってくれないかって頼まれて手伝っているらしい。

カウンターでKさんが、

「デリヘルドライバーの本を作ろうと思って、インタビューさせてくれる人を探してる」ってマスターに言ってるのが聞こえたから、

「私、知ってるよ」って伝えた。

いったいどんな本になるんだろう。お師匠はどんな話をするんだろう。考えてみたら、ハルはお師匠がどこで生まれてどんなふうに育ったのか、デリヘルの前は何をやってたかを、まったく知らなかった。

でも、それを知ったからって何かが変わるわけじゃない。お師匠はお師匠だし、あの頃、私に大切な時間をくれた人だ。

同時にあの時代がもう二度と戻ってこないことも、きっと確かなんだ。

ハルは今年、三〇歳になる。

第7章

凄み

冷たい雨の降る冬の夕方だった。池袋北口にある喫茶店の前で、編集担当K氏と待ち合わせた。店のあるビルの軒先で、僕らは寒さに震えながら相手を待った。

K氏がよく通うバーの常連の若い女の子が、「私の知り合いで、デリヘルドライバーをやってる人がいる」と紹介してくれたのだという。

風が時々強く吹き、雨が軒下まで打ちつけた。

僕らは少し早く着きすぎていた。K氏が気を使って、

「東良さん、先に店に入っていてください。僕、ここで待ってますから」

と言い、僕が「いいえ、大丈夫ですよ」と答えたそのときだった。

背後に強い威圧感のようなものを感じた。

「ああ、船橋さん。わざわざすみません」とK氏が頭を下げた先で、髪を短く刈り込んだ男が、透明なビニール傘を畳んでいた。

無言のままうなずき、こちらを見た。目が悪いのか、眉間に皺を寄せた表情で片方の眉をしかめる。時計を見ると約束の時刻ぴったりだった。

船橋啓介は、何か得体の知れぬ「凄み」のようなものを感じる男だった。

年齢は三四歳というが、もう少し老成して見える。しかし何より印象的なのが、その体躯だ。身長は一七五センチほどというが、はるかに大きく感じられる。

高校の野球部員が試合に向かうときのような、黒いスラックスに白いワイシャツ姿。上着は、真冬だというのに薄手の黒いブルゾンを羽織るだけだった。

喫茶店に入り、席につくとその上着を脱いだ。ワイシャツの上からも、はち切れんばかりの二の腕の筋肉がうかがえる。首回りから背中にかけての僧帽筋が盛り上がり、少し猫背に見えるほどだった。

「凄み」とは、「怖さ」と言い替えてもいい。船橋はデリヘルドライバーになる前、闇金融や無許可風俗店経営など、アンダーグラウンド社会を歩いてきた。けれど彼の持つ「怖さ」は、ヤクザやアウトローたちのそれとは少し違うように思えた。

なぜなら船橋と話をしていて僕が何より強く感じたのは、この男は肉体にも精神にも類いまれなる強靭さを持ちながら、「怒る」ということが今までもこれ以降も、一度としてないのではないかということだったからだ。

少なくとも、怒りに我を忘れて激昂するようなことはないだろう。そんな彼の持つ「凄み」の源泉がどこにあるのか、それを知りたいと思った。

船橋啓介は小学生の頃から身体能力に長けた子どもだった。地元リトルリーグに所属して、四番バッターとして活躍した。肩も強く投げる球も速かったが、ピッチャーをやることはなかった。本人曰く、

「疲れることが嫌いだから」だそうだ。

短距離走では常に一番だったが、船橋は「他の子はどうしてこんなに遅いのだろう」と不思議に思っていたという。

中学生の頃には学校の野球部と地域のクラブチーム両方に所属し、高校は柔道のスポーツ推薦で入学した。

このエピソードもふるっている。後に説明する事情で、中学の半ばから勉強を放棄していた船橋だが、担任教師からとある私立高校の見学に行くよう勧められる。アメリカンフットボールの強豪校だったが、アメフトというのは競技人口が少ない。そこで身体能力の高い少年を探していたのだ。

実際に赴《おもむ》いてアメフト部の練習を見学していると、背後からひとりの教師に、「お前、いい体してるな」と肩を叩かれ声をかけられる。柔道部の顧問だった。

道場に連れていかれると先輩たちに囲まれ、「力も強そうだ、腕相撲やってみろ」ということになる。するとそのときの最上級生、つまり船橋より二つ年上の柔道部員に次々と勝ってしまったという。

顧問はその段階で、「お前はうちの柔道部に入れ」と推薦入学を決めてしまった。

一方で、船橋は中学時代、彼の人生を左右するひとりの人物と出会っていた。

「兄貴分のような人」と表現した。

歳はひとつ上。小学生の頃から顔見知りではあった。それが中学で再会し仲良くなる。指定暴力団と呼ばれる組織の、組長の息子であった。

本人は一切そういうことを口にしない男だったが、その手の情報は嫌でも入ってくる。「あいつ、ヤクザの組長の息子だぜ」と。しかし船橋は少しも気にならなかった。子どもながらに、二人の間には強い信頼関係があったからだ。

「ありきたりな言い方だけど、弱い者いじめはしない、そんな人です」と船橋は言う。

地元は川崎市の南部。ワイルドな土地柄だった。少年たちの間でも喧嘩や諍《いさか》い、いじめや暴力沙汰は日常的にあった。そんな中で、兄貴分の少年は常に毅然としていた。無用な争いごとはしない。もちろん、年下や弱い者に暴力を振るったりはしない。

「家に遊びに行くようになるのは中二くらいからですかね。その人の家ですか。『ごくせん』ってドラマあったじゃないですか、まさにあんな感じですよ」

『ごくせん』は仲間由紀恵主演のテレビドラマ（日本テレビ系・二〇〇二年放映）である。仲間演じる久美子（通称・ヤンクミ）は高校教師だが、実家は任侠集団・大江戸一家である。宇津井健演じる祖父が組長で、以下、阿南健治の若頭代理、金子賢、内山信二といった舎弟分がいる。

ある夜「遊びに来いよ」と電話があり、友人二人と訪ねていくと、体格のいい船橋はどこかの組の鉄砲玉とでも疑われたのか、「てめぇ、何者だ」と若い衆数名に囲まれたという。組長の息子の友だちということがわかると丁重に迎え入れられ、以降は頻繁に遊びに行くようになる。少年たちは夜な夜なテレビゲームや一〇〇円単位のたわいもない花札の賭け事などして遊ぶようになり、船橋は学業に対して一切の興味を失う。両親には「高校だけは行け」と言われていたので、柔道のスポーツ推薦は渡りに船だった。

高校に入学すると、船橋は彼なりには柔道に熱中した。これもまた、彼の身体能力の高さからであった。柔道は武道であり、技を磨く稽古を通じて人格の向上を目指すものだが、同時に技が決まること、もっと言えば相手を投げられるようになるのが楽しかったという。体重移動とタイミングが決まれば、相手の体は軽々と宙を舞った。

そんな身体能力の高さが問題を起こす。

名門の強豪校だった柔道部の練習は過酷で、基本的に週七日間続く。休みがあるとしたら試合の翌日で、それも顧問の気分次第であった。

船橋が二年生のとき、前日が試合だったある日の放課後。一、二年生の部員は全員道着に着替え、教官室へ向かう。そして「支度終わりました！」と報告した。すると顧問は「今日は休み。帰宅してよし」と告げた。しかし船橋たちは道着に着替えてしまったこともあり、ちょっとだけ稽古してから帰ろうかと、道場で乱取りをしていた。

そこに三年生の主将が現れ、

「お前ら、先生が今日は休みだと言っただろう、勝手に練習してんじゃねえよ」と言ってきた。

「ちょっとやったら帰ります」と答えたが、道場を剣道部と半々で使っていたことを指摘し、

「剣道部の邪魔だろうが」と言う。

何言ってんだ、コイツ、と船橋は内心思った。自主練習は決して悪いことではないし、剣道部と一緒に使っているのはいつものことじゃないか。思わず、

「じゃあ、うちらは今までも、毎日剣道部の邪魔してたってことですか」と口答えした。

主将は何も言い返せずその日は終わった。

翌日、寝技の練習のとき、「絶対に来るな」と思っていた。柔道ではシゴキや下級生いじめのときには、必ず絞め技で落とす。頸動脈や気管を圧迫して相手を失神させるのだ。

主将から寝技の相手に指名され、始まった瞬間、船橋は相手がしかけるのを制して逆に絞め技をかけ、一気に気絶させた。そして他の部員たちが驚きの目で見る中、主将を締め落としたまま放置して、道場を出ていった。以降二度と、柔道部に顔を出すことはなかった。

「船橋さん、むちゃくちゃ強かったんですね」と少し呆れて言うと、

「相手が弱かったんですよ」とにこりともせずに答えた。

もともと気に入らないヤツだった。贔屓が激しく、お気に入りの下級生は可愛がって、そうでない者は陰でいじめられた。たいして強くもないくせに、真面目だというだけで顧問に認められ、主将を務めていた。

「柔道部なのだから、柔道の強い者が統率して、下級生を指導するのが筋だ」

船橋はそう考えていたから、部活のあり方自体に不信感を抱いた。続いてさらに、そんな主将を推していた顧問の教師が、合宿で生徒を殴ったことがＰＴＡに発覚、裁判に発展した。

こうして柔道部、先輩、教師と、さまざまなものに不信感を抱いた船橋はやがて学校もサボるようになり、昼間はスロットに出入りするようになる。

そしてある日、隣に座った客から、

「久しぶりだな」と声をかけられる。

ヤクザの組長の息子、兄貴分だった。

兄貴分も高校三年生だったが、ほとんど学校に行っていなかった。当時のスロット店には、出玉の設定を高くする「イベント」と呼ばれる日があり、そこを狙えば必ず勝てた。以降、船橋は家にも帰らなくなり、兄貴分のところに泊まり込み、朝から一緒にスロットに入り浸るようになる。

それでも何とか高校は卒業したが、船橋には就職しようとか、まともな会社に入ろうというような意識はなかった。短期のバイトなどをして、夜は地元の友人たちと雀荘で麻雀を打った。そして、仲間のひとりから「闇金で人を探してるからやらないか」と声をかけられる。事務所に行くとリーダー格の男から「お前は根性がありそうだ」と気に入られ、働くことになった。十八歳という若さで「悪の道に入る」ことに躊躇はなかったのだろうか。

「俺たちの周りは皆、そうだったんですよ」と船橋は言う。

「金融に行くか、キャバ嬢やAVのスカウトやるか、どっちかですね。女好きなヤツはスカウトだろうけど、俺はナンパとかもともと苦手なんで」

船橋の勤めた闇金融は、同世代の男五人ほどで運営していた。一番上で二〇歳、一番下はまだ十六歳だったという。しかしそんな子どもみたいな連中でも、ある程度のルートさえ持っていれば、金は簡単に動いた。船橋の初任給は八〇万円だった。

時代は二〇〇〇年前後。失われた二〇年は続いていたが、人々の中にはまだ「景気はいつか回復する」という期待があった。特にバブルを忘れられない世代は簡単に消費者金融から金を借り、そのうちの多くがやがて利息すら払えず追い込まれ、闇金に手を出す。そんな負のスパイラルが出来上がりつつあったのだ。

テレビでCMをやっているような大手消費者金融は、各社債務者のブラックリストを所有している。それがアウトロー社会を経由して闇金に流れる。大手消費者金融の社員が、金欲しさに盗み出しヤクザに売るわけだ。ヤクザとのパイプさえあれば入手可能だ。

ブラックリストとは本来、「貸してはいけない人間たち」の名簿である。それが裏の世界ではカモを釣る金脈になる。何とも皮肉な現実だった。

あとはマンションの一室を借り、電話回線を引くだけでいい。船橋は朝一〇時に出社して、リストの番号に片っ端から電話していった。相手は誰もが切羽詰まった様子で「貸してください」

と懇願した。「ウチは高利ですよ」と念を押しても、「いいです。お願いします」と言った。楽な仕事だった。

土日は休み、平日も午後三時には仕事を終えた。リーダー格の男がキャバクラ好きで、船橋たち若い連中二、三人引き連れて遊び回った。今日は地元の川崎、明日は横浜、タクシーに分乗して六本木と、一〇〇万円の札束を二つセカンドバッグに入れ、毎晩三軒、四軒とハシゴした。

しかし、おいしい仕事にはやはりリスクが伴った。

船橋をキャバクラに連れていくリーダーと、ナンバーツーの間に揉め事が起きた。若い連中が安易に大金を手にしてしまったせいだろう、「リーダーの方が不当に取り分が多い」「その割に俺は余計に働かされている」という不満と嫉妬が生まれた。結局、喧嘩別れのようになって組織は二つに分裂した。

分裂後も諍いは続いた。ブラックリストの入手先であるヤクザは基本的にリーダーの持つパイプだったので、新しい情報は船橋たちの方に入る。分裂した一方の組織もそれなりのルートは持っていたのだが、収益の格差は次第に顕著になった。面白く思っていないのは当然だった。

ある夜、船橋と後輩ひとりは、ナンバーツーの会社の連中に呼び出された。場所は、地元の悪仲間たちから「ヤバイ場所」と言われている公園だった。街中からは離れていて、まともな人間が寄りつく場所ではない。断ることもできたが、そうすればリーダー同士の揉め事になり話が大きくなる。船橋は何とか自分のところで押しとどめたかった。

ワンボックスのワゴン車に乗せられた。相手は四人。従うしかなかった。海沿いの埋立地へと連れていかれ、

「お前ら、殺すから」と言われた。

後輩は震えて泣き出したが、船橋は平静だった。「殺すはずがない」という確信があったからだ。ただ、下手に手を出して逆上されたらマズイと思い、なすがままになっていた。暴行は三〇分にわたって続いた。

「どうして怖くなかったんですか」と聞いてみた。

不思議だった。殺すと言われてなぜ平静でいられるのだろう。すると船橋は、

「殺す理由がないからですよ」とこともなげに答えた。

「要するに俺たちの方が儲かって、それが気に入らないというだけでしょう。人が人を殺すにはそれなりの理由があるんですよ。俺たちを殺したって一銭の金にもならない。まあ、中には誰かを痛めつけるのが好きっていう頭のおかしいヤツもいて、やり過ぎて殺しちゃうこともあるだろうけど」

実際、当時船橋の周りでは、殺されたり行方不明になった者が数人いた。

闇金から少し遅れて、彼らの間では振り込め詐欺がはやり始めた。

振り込め詐欺は名簿、つまりカモにする老人の電話番号と、飛ばしの携帯、架空口座の通帳の

三つがあれば簡単にできてしまう。それらは「幹部」と呼ばれる組織の人間が用意するものだが、「これなら俺でもできる」と勘違いした若いヤツが、ひそかに個人でやる。しかし名簿の中にはあらかじめトラップが仕組まれていた。「幹部」に繋がる番号である。彼らは下っ端の連中がしっかり仕事をしているのか、マニュアル通りの台詞で老人をうまく騙せているのかチェックしているのだ。

その男は休みの日に自宅で詐欺電話をかけていてその罠に引っかかった。翌日何ごともなかったような顔で出勤すると、普段はいない「幹部」たちが数名で押し込み、男は全裸にされて沸騰した湯を繰り返しかけられ、その後行方不明になった。他にも、山奥へ連れていかれて、首だけ出して埋められて死んでいるのを発見されたヤツもいた。

リンチの一件の少し後だった。久しぶりに、兄貴分から電話があった。

ファッションヘルスの店を出すから手伝ってくれないか、という話だった。

闇金商売をやりながら、船橋は「仕事とは何か」を考えるようになっていた。金が儲かればいいというわけではないだろう。ならば信用できる人についていきたい。高校時代から、地元の不良たちと喧嘩になり、相手が多勢だと必ず兄貴分が家にかくまってくれた。ヤクザの屋敷なら鉄壁だったということもあるが、彼はいつも細かいことは言わず「いたいだけいろよ」と言ってくれた。そんな兄貴分の商売を手伝って、恩返しもしたかった。

これが、船橋が風俗業界に入るきっかけになった。高校を卒業して四年。彼は二二歳になっていた。

いわゆる「受付型」と呼ばれる風俗店である。地元川崎の風俗街の中、ビルの一室に受付だけを作る。客がそこに来て、顔写真を見て女の子を選ぶと、近くのラブホテルやレンタルルームへ案内される。嬢の待機所は別にあり、彼女たちはそこから客の元へと向かう。

船橋は受付業務から嬢の送り迎えなどを担当。また、風俗街の入口にある案内所から紹介される客もいる。そこから受付にたどり着かないうちに他の店の客引きに取られてしまう可能性もあるので、案内所まで客を迎えに行くという業務もやった。

最初のひと月ほどは、いい女が集まらないこともあり儲からなかったが、次第にスカウトマンが売れそうな女の子を連れてくるようになる。後からわかったのだが、そこは兄貴分の、父親の組のシマ（縄張り）だった。例によって息子である兄貴分は一切そういうことを口にしなかったが、噂が広まったのだろう、大人たちの世界で忖度《そんたく》が働いた。案内所も、船橋たちの店に一定の客を流すまでは、他には振らないというルールを作ってしまった。

そうやって店が評判になると、『ナイタイ（Naitai）』や『マンゾク（MAN-ZOKU）』といった風俗情報誌もこぞって記事や広告を載せるようになり、客の勢いは止まらなくなった。船橋の給料も、平均して月五〇万円を超えた。

船橋は闇金時代のように派手に遊ぶこともなくなり、勤勉に淡々と日々を過ごすようになった。

すると風俗業というものに対する心構えのようなものも、自分なりにわかってきた。それは、横柄な客もいれば生意気なだけで稼がない風俗嬢もいるが、お互い感謝し尊重しあってやっていればいれば商売はうまくいくということだった。

店は、客が来てくれるから、女の子が体を張ってくれるから金が入る。だから愚痴を言う女には、「嫌な客を好きになれとは言わない。ただ、どんなに嫌なヤツでも金を持ってきてくれると思えば腹は立たないだろう」となだめた。理解してくれる娘もいれば、わかってるのかどうか疑わしい女もいたが。

そんなふうに風俗業が順調に進んでいったせいか、今度は兄貴分が風俗と平行して闇金をやりたいと言い出した。

船橋は正直気が進まなかった。闇金はもう落ち目だった。社会問題化したため罪が重くなり、架空口座はすぐに発覚して止められ、飛ばしの携帯も簡単にバレて解約されるようになっていた。

一方そういう状況下で業者の絶対数が減っていることから、成功すれば以前にも増して儲かることも確かだった。

「一年間だけ、どこか成功している闇金で修業して、ノウハウを持ってきてくれないか」と言われた。

船橋は「やります」と答え、以前の付き合いからつてをたどり、その頃、闇金の業界では最も勢いのあった業者で働き始める。確かに、そこには以前地元の仲間たちとやっていたのとは段違いの、組織的に確立された闇金融の世界があった。一店舗に五、六人。それが都内全域に点在し、「幹部」からの指示を統制的に仰いで稼働していた。

ところが船橋が勤務して三カ月、突然彼らの店に解散命令が出る。内偵が入っていることが発覚したのだ。後から聞いた話によると、船橋の店で店長を任されていた男がある日歯医者に行った。彼が帰ってから兵庫県警を名乗る男が数名来て、聞き込みをしていった。その歯科は店長が小学生の頃から通っている地元の馴染《なじ》みだったこともあり、「何かあったのか」と電話してきたのだ。

店長が「幹部」に報告すると、即解散という指令になった。兵庫県警が動いていたのは、そちらの方で被害届が出されていたからだ。「証拠になる資料などもすべて廃棄しろ」と言われたので処分し、船橋は毎日スロットをして暇をつぶしたという。ところがどう嗅ぎつけたのか、警察は彼の元にもやってきた。

ちょうど、付き合い始めた女性と暮らしだした頃だった。

「冗談みたいな話ですけど」と船橋は言う。

「夜中にたまたま『警視庁二四時』みたいなテレビを見てたんですよ。それで『こんなこと本当にあるのかよ』なんて笑ってたら、朝方ドンドンドンドンって来た」

通帳と携帯を出すように言われ、船橋は池袋署に連行された。後から聞いた話だと、同じ店舗の五人も全員勾留され、ひとりマリファナを所持していた男だけが逮捕された。船橋も実は架空口座の通帳を所有し、バイクのメットインに隠していた。架空口座は振り込め詐欺業者に高く売れるのだ。いい小遣い稼ぎだった。一緒に住んでいた彼女が立ち会っていたが、警察はメットインの開け方がわからず、警報音がビービー鳴るので諦めたという。

半日ほどで釈放されたが、携帯も没収されたままで、記憶していた唯一知り合いの番号からたどって「幹部」に連絡すると、自宅に弁護士を名乗る男から電話が入る。

翌日、近所のスターバックスで会うと、「一日一万円支払うので、都内から離れているように」と言われた。どうやらマリファナで逮捕された以外全員に同じ指示が出されていたようだ。

そこから船橋は約半年、千葉、埼玉、群馬など、関東一円のネットカフェや個室ビデオなどを転々として過ごした。一〇日に一度指定された携帯番号に電話を入れ、指示に従って待ち合わせ一〇万円を受け取った。日給一万円の潜伏生活だった。

それにしても逃げた五人に一日一万円ずつ、一〇日で五〇万円という金を組織は使ったわけだ。半年で九〇〇万円である。そんな大金を使ってまで「トップ」や「幹部」は捕まりたくなかったのだろうか。あるいは絶対に検挙されてはならない理由があったのか。例えば一般企業や政治家への金の流れがあったとか。どちらにせよ、末端の船橋には無縁な話であった。

そんな生活もある日あっけなく終わる。恋人には定期的に連絡を入れていた。すると彼女が「昨日、警察から電話があったわよ」と告げた。

何月何日、池袋東口のマクドナルドの前に来いとのことだった。言われるままに出向くと私服の刑事がいて、書類に署名するよう言われ、携帯電話と通帳を返された。

別れ際、刑事は、

「お前、半年前、自分が何でしょっ引かれたのか、わかってるよな」と聞いた。

「知りませんよ」と、船橋は答えた。

刑事は何も言わずに背を向けて池袋の雑踏に消えた。

兄貴分の風俗店は続いていて、

「闇金のことでは苦労かけたな。悪かった。戻ってまた一緒にやろう」と言われたが、私服刑事の最後の一言がどうにも気になった。警察はいまだひそかに張っているのではないか。迷惑がかかってはいけないので、

「ちょっと疲れたので、しばらくは遊んで暮らしますから」と言い、船橋は毎日麻雀を打って過ごした。

するとそんな麻雀仲間のひとりから、池袋に全フロアにほぼ風俗店が入った「風俗ビル」のような建物があり、ワンフロアが売りに出されているという話が入る。兄貴分のファッションヘルスをやってるときに、案内所で知り合った同業者だった。当時から気が合って、時々雀卓を囲む仲だった。

ひとつのビル全体が風俗店なので、客は嫌でもそこに足は運ぶ。「成功する確率は高いだろうから、共同経営しないか」と持ちかけられた。

立地上収益が見込めるため権利金は一〇〇〇万円と高かった。しかし自己資金を三〇〇万円ずつ出せば、残りの四〇〇万円を出すスポンサーがいるという。船橋は乗ることにした。金は多少の貯金と、借金でかき集めた。ワンフロアは広く、仕切って四店舗は作れるので、そのうち三店を貸し出せば家賃収入でやりくりできるだろう。

残りの一店舗で、船橋と麻雀仲間の相棒は、まず受付型の派遣エステを始めた。客は受付で写真を見て風俗嬢を選ぶ。そして近くのラブホテルやレンタルルームで待つと女性がやってくる。簡単なマッサージを受け、最後に「手コキ」と呼ばれる、女性の手でペニスを擦り射精させてもらうサービスを受けるのである。

しかし、これは売り上げが出ず半年ほどで撤退した。船橋が闇金修業と潜伏生活をしていたわずか一年ほどで、時代は明らかに変わっていたのだ。

兄貴分の受付型ヘルスをやっていたときは、集客は風俗案内所と、『ナイタイ（Naitai）』や『マンゾク（MAN-ZOKU）』などの風俗情報誌からだった。ところが時代はインターネットに移り変わっていた。

船橋たちが次に手がけたのが、当時流行の兆しを見せていた「ＪＫリフレ」だった。ＪＫとは女子高生の略。リフレはリフレクソロジー、本来は指圧で体のツボを刺激する健康法の意だが、ここでは簡易マッサージ的な行為を指す。つまりは未成年の女子高生に、客が体を触ってもらえるグレーゾーン風俗である。もっと言えばマッサージは単なる建前にすぎず、女子高生と二人っきり、個室で触れ合うことを喜びとする男たちのためのものだ。

性的なサービスはないが、「添い寝」「ハグ」「膝枕」といったオプションはある。また、店によっては裏オプションとして「トップレス」や「キス」「手コキ」といった淫行にあたる行為もあり、やがて社会問題化していく。

先に挙げた「エステ」もそうだが、あん摩マッサージ指圧師の資格なくして、マッサージ業を謳うことは違法行為だ。そこで警察対策として、あえて曖昧な言葉を用いているのである。

船橋が言うには、開店は実に簡単だった。池袋の街を歩けば、制服姿でJKリフレのチラシを配っている女子高生たちがたくさんいた。片っ端から声をかけて電話番号を渡し、

「今度新店を出すから、やる気があったら来いよ」と伝えた。

三人ほどの女子高生が来た。条件を提示すると、彼女たちは友だちを連れてきた。実際に営業が始まると、「このくらい稼げる」という話が女子高生たちの間に一気に広まった。一〇代の少女にとって、一日で数万円稼げるのはやはり大きかった。

「客はどんな男が来るんですか」と聞くと、

「気持ちの悪いヤツばっかりでしたね」と、船橋は初めて口の端を歪めてみせた。彼が感情らしい感情を出したのは、そのときだけだった。

「俺は受付もやってたんですが、客が異様に偉そうなんですよ。金持ってそうなサラリーマンとかが、釣り銭を用意してると『何やってんだ、早く出せよ！』なんて言う。それまでの風俗じゃ

考えられない。しかもそういうヤツに限って、女子高生にビンタされたいとかの願望持ってる。罵声を浴びせられて『キモいんだよ、オヤジ！』とか言われて喜んでる。コイツらは本当にヤバイ連中だと思った」

ヤバイ連中――それは女子高生たちも同じだった。

彼女たちは待機所で携帯をいじり化粧をしながら、「昨日は誰とセックスした」「今日は誰とヤッた」と自慢気に話し続けた。

女子高生たちにとっての自尊心は、「性的に価値がある」ということだけだった。自分が「セックスしたいと思わせる女である」こと、それこそが重要だった。だからＪＫリフレに来る客が添い寝したい、腕枕で寝てほしい、ビンタされたいという欲求を持つことが重要だった。もちろん、それが金銭で明確に返ってくるのも重要な要素だ。しかも金さえ持っていれば、彼女たちが好む「イケメン」たちもそれに惹かれて集まってきた。

「まあ、そういう女に稼がせてる俺たちが言うことじゃないけどね」と船橋は無表情に語る。では、彼は風俗嬢という存在をどうとらえているのだろう。

「風俗の仕事をやって、女性観みたいなものは変わりましたか」と聞いてみた。

「変わらないですね」

と、船橋はこともなげに答える。

「ホストに狂ってる女もいれば、精神を病んでるのもいる。そういう困った女が多いことは確かだけど、まともな娘もいますから。母親が病気でその治療費を稼いでるって娘もいるし、親の借金抱えて、弟を進学させたいからって娘もいる」

おそらく船橋という男は、徹底したリアリストなのだ。

相手に自分を殺す理由がないのだから、殺されることを怖がる必要がないといったように、女性に対する考え方も同じだ。

人はそれぞれ違う。それは当たり前だ。風俗嬢という特殊な人種がいるわけではない。ヤバイ連中もいれば、生きるのに一生懸命な娘もいる。だから「女はこうだ」と決めつける必要はどこにもないと。

「――ハルちゃんは、船橋さんに出会って救われたって言ってますよ」

それまで黙って話を聞いていた編集K氏が初めて口を開いた。

ハルちゃんとは、今回船橋を紹介してくれたK氏の知り合いの女性だ。JKリフレの前、約半年で撤退してしまった出張エステで短期間働いていたという。

「池袋の街を一緒に歩きながらハルちゃんが『私、死にたい』って言ったら、突然、船橋さんにドンッて車道に突き飛ばされたって」とK氏は続ける。

ハルちゃんなる女の子が思わず「何するんですか」と問うと、船橋はニヤリと笑って、

「ほら、お前、本当は死にたくなんかないんだよ」と言ったそうだ。

「彼女、それで生きる希望が湧いたって。それ以来死にたいなんて思うのはやめたそうです。だ

から船橋さんのこと、『お師匠』って呼んでますよ。人生の師匠だって」

K氏がそう言うと、船橋は口の端小さくではあったが、その日初めて、少し照れくさそうに笑った。

「人間誰だって、嫌になることってあるんじゃないですか。俺はあんまりないけど。ただ、本気で死にたいと思わないなら、言わなくていいんじゃないですかね。死にたい死にたいなんて言ってると、余計に暗くなるでしょう」

船橋は静かにそう言った。


JKリフレは繁盛した。まずは『実話ナックルズ』（ミリオン出版）に代表される、アウトロー社会やサブカルチャーを扱う実話誌で取り上げられ、一般の週刊誌やテレビなどでも「女子高生の危険な実態」として紹介され話題になったからだ。しかし同時に社会問題化すると、警察は当然黙ってはいない。

池袋や渋谷などを中心にして、JKリフレに対し一斉に通告が来た。

「十八歳未満の少女は雇わないこと。添い寝・ハグ・膝枕といった行為はさせない」という書面に、すべての経営者がサインさせられた。

船橋は相棒の経営者に「しばらく店を閉めませんか」と提案した。

「摘発は絶対来ますよ。せっかくここまで大きくして、つぶすのはもったいないじゃないですか」と。

相棒の意見は違った。

「どうせいつかつぶされるなら、今のうちに稼ごう」だった。

しかし、警察は思いのほか早急に動いた。

わずか一週間後の日曜日。その日、船橋は遅番だった。出勤すると、店の正面に警察車両が止まっていた。後からわかったのだが、都内二〇店舗以上、ＪＫリフレを対象とした一斉ガサだった。念書に署名しながら、改善しなかった店すべてに対して、である。

相棒は検挙され、船橋も事情聴取に呼ばれた。

すると刑事は、

「ヤツはお前（船橋）はもう辞めた人間だから関係ないと言ってるが、どうなんだ」と聞いた。

「名義にはお前も入ってるが、面倒だから変更してないだけだと」

船橋は、自分は「辞めよう」と提案したのに続けたので、彼はその代わりにすべてをかぶるつもりなのだと理解した。

「そうです。その通りです」と答え警察を後にした。

その後、二〇歳以上の女性を使ういわゆるオーバーリフレや、ライブチャットなどを手がけたもののすべて失敗した。それ以上に、船橋の中には「もうすべてが終わった」という虚無感があった。他にも余罪があって長らく勾留されていた相棒が出てきたのを機に、船橋は店の権利を手放した。

それが約一年前のこと。

知り合いが秋葉原で始めたデリヘルが思いのほかはやり、ドライバーが足りないので手伝ってくれないかと言われ、現在に至る。

「では今は、次に何をしようかと考えているような時期ですか」と聞いてみた。

「正直、デリヘルドライバーって、俺にとっては楽な仕事なんですよ」

と船橋は言う。

「俺は車の運転が好きなんで苦にならないし、しかも待機といえば聞こえはいいけど、その間はスマホでゲームやったり、遊んでいるようなもんですから。また、何か商売を始めたいと思ってます。一緒に住んでる女は、俺が半年逃げてる間も、貯金切り崩して家賃払ってくれてたんで。もう少しいい暮らしさせてやれたらとも思ってるんで」

そうか、当時の恋人とはまだ続いていたのか。

「彼女はどんな方なんですか」と尋ねてみた。この男が、どんな女性に惹かれるのか知りたかった。

「歳は六つ上ですかね。知り合いの知り合いみたいな感じで、飲み会で知り合いました」

「夜の世界の人じゃないんですか」

「昔キャバクラをちょっとだけやったって聞いてますけど、合わなかったみたいで。人見知りというか、無口で大人しい女なんで、郵便局で、仕分け作業っていうんですか、そういう仕事をずっとやってます」

なるほど。船橋啓介の持つ「凄み」の意味が、ここにきてやっとわかったような気がした。いや、それは正確に言えば、これまでの会話の中ですでに明らかになっていたものだった。

彼の徹底したリアリストぶり、それによって導き出された決してぶれない行動原理こそが「凄み」の源泉だった。ただ船橋の持つ優しさ――「死にたい」と言った女の子をわざと突き放してみせる思いやりや、無口で大人しい恋人と穏やかに暮らす日常が――その「凄み」を覆い隠し見えにくくしていただけなのだ。

逆に言えばそんな周りの人間関係のいくつかが、船橋という人間を柔らかく、穏やかにしていることもまた確かなようだ。

ヤクザの組長の息子の兄貴分とも、月に一度くらいは会ってたわいのない話をするという。兄貴分はもうあまり危険な仕事には手を染めず、中古車販売など、手広くだが堅実な商売をしている。

「そうですね。高校を卒業した頃、兄貴分がヤクザになると言ったら、俺もやってたと思うんですよ。そうしたら今頃、どうなってたかわからないですね。兄貴分がヤクザにならなかった理由ですか。お母さんが泣いて止めたそうです。当時は抗争とかありましたから、息子が殺されるのは嫌だって。そういう意味では、いろんな運命に助けられてるかもしれないですね、俺も――」

第8章

バイオリン

その赤ん坊は三五〇〇グラムと、平均より大きな体で生まれてきた。健康状態に問題はなく、新生児にしては目鼻立ちがはっきりしていたという。色白で愛らしかったので、看護師の中には女の子だと勘違いした者もいた。幸せに包まれて生まれたと、誰もが信じて疑わなかった。しかし、問題がひとつだけあった。

赤ん坊の母親は妊娠三六週目になって初めて、たったひとりでその病院を訪れた。母子手帳すら持っていなかった。都内の有名私立大に通う女子大生ということだったが、故郷の両親にも妊娠を知らせていないと言い、赤ん坊の父親が誰なのかということに関しても、固く口を閉ざした。

そして出産から三日後、看護師が回診に訪れると、彼女は病室から忽然と姿を消していた。病院の離れにある平屋の小さな病棟で、隣に置かれた小さなベッドで赤ん坊がすやすや眠る中、窓が開け放たれ、白いレースのカーテンが風に揺れていたという。

その後、警察や自治体がどのように動いたのかは定かでない。病院関係者は誰ひとり、母親の素性や連絡先を聞かされていなかった。赤ん坊は最終的に、院長が懇意にしていた若い夫婦の元に預けられた。

それから、約半世紀が経った。

大正末期に易者・荻野地角《おぎのちかく》こと園田真次郎によって創始された九星気学では、「人はこの世に産み落とされた瞬間に〈気〉を受ける」とされている。人間は男女の営みによって誕生するわけだが、その二人が恋に落ち愛を育むためには、幾つもの偶然が重なり合う必要がある。つまり我々は人智を超えた巨大な力によって、この世に生み出されるのだともいえる。ならば人の運命は、その日その時に世界を支配していた、「気」に支配されるはずだ——という考え方である。

つまり人は「オギャー」と生まれた瞬間に、その運命が決定されるのだ。

東京のある街、小さな病院の一室に残された赤ん坊は、その後いったいどんな人生を歩んだのだろうか。


饒舌な男であった。そして明るかった。

喫茶店で向き合い、「現役の、あるいはかつてデリヘルドライバーをやっていた方に話をうかがって、一冊の本にしようと考えてます」とこちらの意向を説明し、

「まずは生い立ちから、そして現在に至るまでの話を聞かせていただきたいのですが」と切り出すと、

「わかりました」とニッコリ笑った。そして、

「こう見えても芸術家だったんですよ。しかも日本一を取ったことがあるという」

と語り始めた。

次の瞬間「どうだ」とばかりに大げさに眉を上げ、大きな目をぎょろりと回してみせる。芝居がかった仕草だが、決して嫌味ではない。これが彼の根っからの明るさであり、我々取材者に対するサービス精神なのだとすぐにわかった。

「この風俗業界に、僕みたいなのはいないと思いますよ。かの有名な桐朋音大、小澤征爾のね、あそこに高校一年から通いました。バイオリンを三歳からやってたんです。自分で言うのも何ですけど、すごい才能だったんです。いやホント。中三で毎日新聞社のコンクールで優勝しちゃったんだから。それで桐朋に推薦で入ったんです。でもね、桐朋音大って『ちびまるこちゃん』でいえば花輪クンの世界なんですよ。黒塗りのハイヤーで送り迎えがあって、三井の財閥とか資生堂の会長の娘とか、そういう家柄の人たちばっかり。ウチは貧乏で、奨学金をもらって四畳半二人部屋の寮生活ですから。バカヤロー、やってらんねえよって、それで学校トンズラして、歌舞伎町へ行ってホストになったんです」

風見隼人《かざみはやと》は一気にそうまくし立てた。

ラメの入った生地のスリーピースを、ジャケットなしのベストで着ていた。日焼けサロンで焼いているのか、いかにも遊び人風な黒い肌。髪は短く刈り込み、二〇〇二年W杯当時のデイビッド・ベッカムのように、頭頂部だけお洒落に逆立てている。

「風見ってのはもちろん通称です。『仮面ライダー』の主人公みたいな嘘くさい名前でしょ、でもこういう名前が業界ではいいんです。一発で覚えてもらえるから。だってもう覚えてくれたでしょ、ねっ。僕、本名は――っていうんです。ネットで検索してみてくださいよ。毎日新聞社主催の『全日本学生音楽コンクール』、名前出てきますから。世界的なバイオリニストになってたって不思議じゃなかった。それが今やしがないデリヘルドライバーですよ。頂点から底辺へ堕ちたんです。これはもう、書いてもらって全然いいですから。ウン、タイトル決まりましたね。『天から地へ堕ちた男』、どうですか。アッハッハ」

決して疑ったわけではないが、後日調べてみるとネット上には『全日本学生音楽コンクール』のホームページがあり、歴代受賞者の中には、彼の本名がしっかりと記載されていた。在学した中学校の校名も、インタビュー中に風見が口にしたものだった。

風見隼人は一九六七年に生まれ、千葉県庁の職員をしていた共働きの夫婦の元で育った。家は船橋市の公営団地。しかし母親が若い頃音楽大学に通っていたので、自宅にはアップライトのピアノがあった。

のどかな時代であった。当時の住宅街では、そこかしこからピアノの音が聞こえた。騒音として問題視されるようになるのは、昭和四九年（一九七四年）、神奈川県平塚市の県営団地で、階下に住む小学生の長女が弾くピアノがうるさいとして、母親と長女、次女の三人が殺害された「ピアノ騒音殺人事件」以降である。

風見はそんな母の弾くピアノを子守歌に育った。そして三歳のとき、NHKのテレビでオーケストラの演奏を見た。そして第一バイオリン奏者を指差し、

「ボク、あれをやってみたい」と母親に告げたのだという。風見自身はまったく記憶にない。

教育熱心で、若い頃はひそかにピアニストを目指していた母親は、すぐさま町内にあったバイ

オリン教室へ息子を通わせた。

才能が開花するまでさほど時間はかからなかった。

小学校に入学して間もなくその町のバイオリン教室の先生は、

「この子は私のところで習わせるにはもったいない。もっと専門の、有名な先生につかせた方がいい」と母親に助言した。

そこで下高井戸に住む、桐朋の講師をしている先生の下へ、小学校一年生の風見少年はバイオリンケースを抱え週一回、約一時間かけて通うようになる。

「自分でも、俺って才能あるなってわかるものですか」

「自分、というよりまず他の子ですよね」

と風見は言う。

「年に一度各教室から集まって発表会があるんですよ。みんな、一流の先生についてる子ですよ。でもね、僕から見ると、あれ、何《な》んであんなところでミスするのとか、どうしてあんなに下手なんだろうって思っちゃうんです」

耳の良さも並外れていた。

「プロのミュージシャンになると、曲を一度聴いたら覚えてしまうというけど」と聞いてみると、

「そんなレベルじゃないんです」と言う。

「レコード聴いて、すぐ弾けるのは当たり前。そのニュアンスというのかな、楽器に込められた

感情まで表現できちゃう。クラシックの一流はそこまでいきます」

自宅で練習する時間もどんどん増えていった。団地のご近所さんは温かく見守り応援してくれたが、両親は息子のために、茨城県の守谷市に一戸建てを手に入れて移り住む。先生も「もっと優秀な人に」ということで、桐朋の教授に習うことになった。つくばエクスプレスがまだ開通してない時代である。風見は守谷から学芸大学にあった教授の家まで、約二時間かけてレッスンに通った。それが中学校三年生でコンクールに優勝するまで続く。

しかし、風見の少年時代は決してバイオリン一色ではなかった。何しろたいして練習しなくてもできてしまうので、家ではこっそりサボッてばかりいた。親はうるさく注意したが、友だちが「野球しようぜ！」などと呼びにくると、窓から抜け出して遊びに行った。この慢心と遊び好きがやがて彼を堕落させていくことになるのだが、それはもう少し先の話になる。

全日本学生音楽コンクールには、小学校六年生のときに初めて出場した。そのときは東京地区大会の本選、最後の最後で落ちた。

「指がもつれるってやつです。子どもだったんだな。緊張に負けてしまったんだと思う。最後の二小節、フィニッシュ直前にミスしてしまった」

俺が日本で一番うまいと信じて疑わなかった天才少年は三年後、中学生の部でリベンジに挑む。

全日本学生音楽コンクールは、北海道、名古屋、東京、大阪、北九州と予選があり、各大会に集まるのが一〇〇人から一五〇人程度。すべての大会からわずか三人だけが選出され、全国一を競う。

風見が出場したときは、大阪毎日ホール（当時）で全国大会が行われた。

風見曰く、「生涯で最高の、パーフェクトな演奏ができた」。審査員、満場一致の優勝だった。「海外のコンクールなら、観客は全員立ち上がってスタンディングオベーション、『ブラボー！』って叫ぶところですよ」

全日本学生音楽コンクールでトップ、しかも桐朋の教授に師事しているとなれば、桐朋への学費免除による推薦入学は自明のものだった。


風見が進学した学校は、正式名称を「桐朋女子高等学校 音楽科（男女共学）」という。同校の普通科は「桐朋学園女子学部」に属するが、音楽科のみ「桐朋学園大学音楽学部」の系列なので男子も入学できる。しかしその名にも現れているように、当時は一学年一〇〇人近くいる中で男子は三名のみ。

「そりゃモテますよね」と風見は笑う。

十六歳の風見は、目鼻立ちのはっきりした美少年であった。しかし「容姿で人気があったわけじゃない」と言う。

「桐朋の女の子ってのは才能に憧れるんです。全日本学生音楽コンクールってのも効きましたよ。でも、彼女たちも音楽家なんで、僕の才能を一気に見抜いちゃった。何しろ普通の生徒が一生懸命練習してもできないことを、僕はいとも簡単に弾いちゃうわけだから」

　校舎内には個人練習用の小部屋があり、風見がそこでバイオリンを弾くと、少女たちが目を輝かせ、窓に頬を寄せて聞き惚れた。中には涙を流す娘もいたという。

　冒頭で本人が語っていたように、四畳半に二段ベッド、二人部屋の男子寮に入った。全学年通しても男子は少ないので、そこで十六歳から大学四年生までが暮らす。風見はすぐに酒の味を覚え、大学生の先輩たちと部屋で飲み会をするようになる。

　初体験もすぐに訪れた。寮と学校は徒歩一〇分と離れていない。朝まで飲んで二日酔いで学校をサボり寝ていると、顔見知りだった二学年上の女子生徒が入ってきて、襲われるようにセックスした。

　両親が、実の親でないこともその頃に知った。

「中学に入った頃から、家に遊びに来た友だちによく言われてたんですよ。『お前、親と全然顔似てねえな』って。だから、薄々そうじゃないかと思ってたんです。だって親子ならねえ、どっか似てるところはあるじゃないですか。ウチは全然違ったから」

　その頃、両親が離婚した。風見の親権が母親側になったこともあり、父親が改まった感じで訪ねてきた。そして「お前ももう大人だから、話しておくことにする」と告げられたのだ。

　彼らは子宝に恵まれず、親しくしていた産院の院長に「ご縁があったら」と頼んでいた。そこに赤ん坊を身ごもった女子大生が現れ、風見を生んで姿を消したのだった。

風見はまったくというほどショックを受けなかった。「薄々思っていた」ということもあるが、育ててくれた両親に計り知れない恩を感じたし、自分を捨てて行方をくらましたという見知らぬ母親に対しても、「中絶するという選択肢もあったはず」「でも生んでくれたんだ、ありがたい」という感謝の気持ちがあった。

また、正直それどころではない状況にもあった。彼は次のステップを目指していた。今度は学生対象ではない、日本音楽コンクールである。毎日新聞社と日本放送協会（ＮＨＫ）が主催する、我が国で最も権威と伝統あるクラシック音楽のコンクールであり、声楽部門のみ参加資格三五歳以下だが、バイオリン部門やピアノ部門などは二九歳以下。つまり若手音楽家の登竜門なのだ。世界的な音楽家を目指すなら、まずこれを突破する必要がある。その受賞歴をひっさげて、モスクワで開催されるチャイコフスキー国際コンクールや、ベルギーのブリュッセルで開催されるエリザベート王妃国際音楽コンクールに挑戦する。

風見は言う。

「クラシックの演奏家って、日本一程度じゃダメなんです。ましてや学生日本一なんてまったく話にならない。世界で賞をもらって凱旋して初めて、ＣＤが売れてコンサートが満席になる、一流の音楽家になれるんですね」

ところが風見は伸び悩み始めた。自身の才能に疑いを持つようになっていた。

「要するに上には上がいるってことですよ。世の中には本物の天才ってヤツがいるんです。例えば指揮者の渡邊一正《わたなべかずまさ》、今、東京フィルハーモニー（交響楽団）で振ってますけど、僕の同期です。アイツは本物の天才ですよ。それとちょっと年上ですけどやはり指揮者の飯森範親《いいもりのりちか》。彼ともよく遊んだ。飯森さんはフランスのブザンソン国際指揮者コンクールで二位に入ってます。やっぱり彼も凡庸な音楽家とはまったく違った何かを持ってた。でもね、そういう天才って本当に一握りしかいないんです。有名になってクラシック一本で食っていける人っていうのは、桐朋音大でも一〇年に一人いるかいないかでしょうね」

そして金、さらに努力。風見隼人にはこの二つが決定的に欠けていた。

お嬢さん、お坊ちゃんばかりの桐朋の中で、一般家庭に育った風見は奨学金をもらい、学費も免除されてはいたが、それでも寮費や生活費は必要だ。彼は親からの仕送りをもらいながら、歌舞伎町のディスコの黒服など、水商売のアルバイトを始める。

「同じバイオリニストでいえば、諏訪内晶子《すわないあきこ》っているでしょう。桐朋で僕の四つ下です。彼女は全日本学生音楽コンクール小学校の部、東日本大会で一位です。つまり全国では一位を取ってない。僕とまったく一緒なんです。それが以降、一日十四時間練習して、中学校の部で僕と同じ一位、続いて日本音楽コンクールでも一位を取って、最終的にはチャイコフスキー国際コンクールで日本人初、最年少で一位になるんですね。要は練習に打ち込める、環境あっての栄光なんだな」

風見は「ちくしょう、俺にも金があればバイトなんかせず、全生活を練習にあてて、何十時間でもバイオリンに没頭できるのに」と唇を噛み、夜の仕事を続けた。

だが同時に、彼には遊び好き、練習嫌いという致命的な欠点があったのも事実だ。夜の歌舞伎町は魅力的だった。しかも時代はバブルへ突入しようとしていた。端正な顔立ちと、バイオリン専攻の音大生いう肩書きは女の子たちの気を引いた。ディスコで踊っていれば派手なボディコンシャスに身を包んだ女たちに声をかけられ、酒を飲み、セックスを楽しむことができた。風見は、「一流の演奏家になりたい、そのためにはもっと練習したい」という気持ちと、夜の世界が誘う甘美な魅力に引き裂かれ続けた。

風見が通っていたのは桐朋音楽科の中でも「ソリスト・ディプロマ・コース」という最難関である。現在のホームページにも「ソリストとしての将来性を有すると認められた者を対象に、高度な実技教育を行うことを目的としているコース」と誇らしく明記されている。近年の在籍者が記してあるが、それによると「バイオリン専攻」は二〇一五年が八名、二〇一六年に至ってはわずか六名である。そんな精鋭たちが高校一年から大学四年までの七年間、ただひたすら技術の音楽性を磨き続けるのだ。

風見によるとそんな「ソリスト・ディプロマ・コース」は卒業することも実は非常に困難で、全教授の前で実技を披露し、満場一致で認められなければならない。それができたのは、先に名前の出た諏訪内晶子他数名しかいないという。

最終的に二二歳、七年目に入ったところで、風見はすべてを断念した。夜の遊びも金の使い方も激しくなっていた。そこで「まったく違った道を目指してやれ」と、退学してホストの道を目指すのである。

「ご両親には言ったんですか」

「お袋には言いました。泣きましたね」

当然である。息子に立派な音楽家になってほしいと願う母親は、離婚後、住み込みの家政婦をして仕送りを続けていたのだ。

そのとき既に、遊びが過ぎて借金を抱えていた風見は、愛器のバイオリンを売り払っていた。一〇〇万円を超える高級品である。しかもそれは将来を期待された若きバイオリニストだからと、楽器メーカーからモニターとして貸し与えられていたものだった。

「どうもよくわからないな」僕は思わず言ってしまった。

「三歳のときからずっとバイオリン一筋だったわけですよね。つまり約二〇年間、少年時代と青年時代のすべてを音楽に捧げていた。それを、そんなに簡単に捨て去ることができるものでしょうか」と。

風見には才能があった。けれど彼は音楽を愛していたのだろうか。いや逆に、音楽を愛していたからこそすべてが嫌になってしまったのだろうか。

すると風見は一瞬だけ、考えるような仕草をした。このインタビュー中すべての問いに即答、いや、ときにはこちらの質問の終わりを待てずに話し始めていた彼が、唯一見せた瞬間だった。

「わかりました。ひとつ言いましょう」

そう言って少しも微笑むことなくこちらを見つめた。

「これは、やったことのない人にはわからないことかもしれない。一流を極めようとした人間にしか知ることのできない感覚なんです。才能っていうのは、努力の上に成り立っているんです。才能を獲得し維持するには、とてつもない壁がある。その壁を突き破るためには、人間の限界を超える努力が必要なんです。逆に言うと、そんな尋常ならざる努力のできる人、それが天才なのかもしれない。さっき言った諏訪内晶子なんかは、そんな選ばれし者なんです。悔しいけれど僕はそうじゃなかった。天才じゃなかったんです」

そして再び短い沈黙があって、

「でもそれより、プライドを捨てきれなかったんだな」と小さく笑った。

「僕だってあのまま続けていたら、そこそこ有名なミュージシャンにはなれたと思いますよ。高嶋ちさ子、いますよね。アイツ、一級下でよく知ってるんです。桐朋時代は『お前、ちょっと可愛いからってイイ気になってンじゃねえぞ』なんてからかってた。彼女、バイオリニストとしてCDも売れてるしコンサートも客入ってるっていうけど、テレビに出てなかったり、高嶋政宏・政伸兄弟のいとこって肩書きがなかったら、あんなに有名になったでしょうか。葉加瀬太郎も同じですよ。彼は桐朋じゃなくて東京芸大だけど、お互い存在は知ってました。葉加瀬は高嶋なんかより全然才能あると思いますよ。でも、もしもテレビに出てタレント活動してなかったら、高田万由子と結婚してなかったら、あんなに評価されたでしょうか。僕はそういうのが嫌だったたんです。純粋に、クラシックの演奏家でありたかった。僕も、N響（NHK交響楽団）くらいは入れたと思いますよ。でもね、コンマス（コンサートマスター、第一バイオリンのトップ奏者が務める）になれたかどうかは、正直自信がない。学生コンクール一位くらいじゃ無理なんです。コンマスになれないんだったら意味がない、そういうバカなプライドが邪魔しちゃったんです」

ホストならナンバーワンになれるだろう——そう思った。

ディスコに行くとチャラチャラしたホストたちが、高級なスーツを着て女の子たちと遊んでいる姿を目にした。風見には最高で七人の女性と同時に付き合った経験があった。「簡単じゃん」「女騙せばいいいんだろう」、そんな気持ちで彼は歌舞伎町のホストになった。

入ったのは、どうせやるなら一流のところでと、カリスマホストの愛田武率いる愛田観光株式会社。その中でも歴史・売り上げ・フロア面積など、すべてにおいて最大級といわれた、歌舞伎町『愛本店』の門を叩いた。

どの世界もそう甘いものではなかった。時は一九八九年、昭和天皇崩御の年。バブル最盛期である。ホストクラブは夜の遊びの最高峰だった。どこよりも金を持った女が、派手に大金を消費する場所だった。

「今のチャラいホストなんかとは全然違いますよ。まずホスト間の上下関係が徹底していた。先輩ホストの客を取ることは御法度。枕営業（色じかけで客を取ること）なんかした日にゃ、裏でボコボコに殴られます。できることは、新規の客が来てヘルプについたとき、いかに気を引いて自分の客になってもらうか。当時は携帯電話もありませんからね。その、めったにやってこない一瞬しかチャンスはないんです」

そんな人間関係の駆け引きが、風見は決して嫌いではなかった。彼には生来の「人好き」と「明るさ」があった。

ホストクラブのルールは、銀座や北新地のクラブホステスと同じである。新規で来店した客がひとたびホストを指名すると、それは半永久的に変わらない。つまりあるホストの客が、別のホストの客になることは一切ないのだ。ならば若いホストはどうやって自分の客を獲得すればいいのか。風見が言うように新規の客を待つか、あるいは先輩の指名客にヘルプでついたとき、いかに目立って「いい子」「面白い子」と思われ、その友人関係などから新規を引っ張るしかない。

「売れっ子の先輩は必ずよその席に呼ばれて離れますから、その一瞬が勝負です。例えばそのお客さんがどういう悩みを今抱いているのか、愚痴にどう応えてあげたらいいのか、それを瞬時に割り出して会話を弾ませるか。それが面白かったしやりがいがあった。ホスト好きの女性には必ず同じようなのが友だちにいますから、うまくやれば『あの子いいわよ』って話が伝わる」

バブルは、派手を通り越して狂乱の時代だった。当時の『愛本店』では、ひとつのテーブルで一本数十万円のブランデー「マーテルコルドンブルー」が二本、三本と空き、ひとりの客が一日に一〇〇〇万円使うことすらあった。プレゼントにフェラーリ一台なんてのは序の口で、風見の先輩には、バースデーに億ションをプレゼントされた者までいた。

「唯一許されるのが、先輩が『あの客はもういいや』って言ったときだけなんです。ナンバーワン、ツーのクラスになれば、客は山ほど持ってますから。『あの客はショボいからお前にやるよ』ってことがある。でもね、そのショボい客がいつ太い客（金払いがいい客）にバケるかわかんないわけです。女はわかんないですからね。ホステスさんはいついい旦那がついて大金持ちになるかわからない。たいして売れてなかったソープ嬢が、店を変わった途端にナンバーワンになっちゃうことがある。だからホストは面白いんです」

ホスト稼業にのめり込んだ風見は『愛本店』のナンバーテンに数えられるようになる。しかし、ある出来事からその仕事を辞めざるを得ないことになった。

「まあ、ソープのお姉さんが若いホストによくやるイジメなんですけどね」

そのソープ嬢は、帯付きの一〇〇万円の束をテーブルにポンと置き、

「コルドンブルー一本、ピッチャーに開けなさい。飲み干せたらコレ、アナタにあげる」と言った。そして、

「いくら時間かけてもいいわ。でも、一時間この席を離れちゃダメよ」と付け加えた。

飲み干してすぐにトイレに駆け込んで吐けば問題ない。しかしそれをさせない遊びだった。アルコールは、一時間で成人男性の体を完全に支配する。

「いっただっきま〜すって飲み始めたはいいけど、もう三分の一くらいで頭ぐるんぐるんですよ」

そうやってなんとか二時間。客に「ハイ、これであなたのもの」と札束を渡され、席を立ったところで風見は昏倒した。後で同僚に聞くと、「白目剥いて泡吹いてたぞ」と言われた。急性アルコール中毒である。しかも、負けず嫌いな風見は同じコルドンブルー一本飲みをもう一度やった。二度目のとき医者は呆れ果て、

「風見くん、これをもう一度やったら君は死ぬよ」と言った。

後日談だが、それから数年間酒を一切断っていた風見は、ある結婚披露宴に出席し、乾杯のシャンパンをひと口飲んだ。すると全身が赤くなり湿疹だらけになった。病院に駆け込み過去の事情を説明すると、「あなたはもう、アルコールを一切受け付けない体になっています」と言われた。


酒が飲めなければホストは続けられないなと思っていたとき、風見の指名客だったキャバクラ嬢のスポンサーから、ある儲け話を持ちかけられる。

博打好きな男で、金を出すから違法ポーカーゲーム店の店長をやらないかという打診だった。『愛本店』で風見を慕っていた後輩が三人、「風見さんが辞めるんなら俺たちもついていきます」と言ったので、じゃあ四人でやってみるかという話になった。まずは別のゲーム店に従業員として潜入し、ノウハウを得てから、六本木に店を出した。

入口に監視カメラを設置して、私服刑事の内偵に目を配るヤバイ商売である。バブルの残り香がまだまだあった六本木、これは儲かった。摘発されたときにすべてをかぶるという契約で風見

の名義にしたこともあり、その保険料も含めた給料はなんと一日一〇万円。月収三〇〇万円である。

そのとき風見はまだ二五歳。酒が飲めなくなった彼は、今度はクスリと女に走ってしまった。ゲーム店はヤクザと関係を密にしなければならない商売なので、ドラッグはごく簡単に、原価で手に入った。女は当時はやり始めたデートクラブである。

風見は一日十二時間働いた後、そのまま渋谷のラブホテルへ入り、残りの十二時間とっかえひっかえ女を抱いた。一日一〇万円入るのだから金は使い放題。クスリがキマッているので眠る必要すら感じず、ハイになっているので怖いものなどないので、ちょっとでも気に入らないデート嬢が来たらチェンジを繰り返した。

「あのままやっていたら死んでたか、生き残っていても刑務所暮らしでしょうね」と振り返る。

けれどそんな彼を救ってくれたのも、やはり女であり性風俗だった。

ある日デートクラブにも飽きてファッションヘルスの店にふらりと入ったとき、ひとりの女性と知り合った。現在の妻である。二人は意気投合して付き合うようになるが、真剣になれば当然、風見のドラッグ癖は問題になる。

「幸いひどい中毒患者にはなっていなかった」と風見は語るが、それでも簡単にやめられるものではない。そこで彼女が「体を鍛えてみたら」と言い、その助言に従いジムに通ってみると、これに思いのほかハマッてしまった。運動に夢中になるとクスリをやるなんて心底バカらしくなり、風見はフルマラソンを走り、やがてトライアスロンにも挑戦するほどになる。

「籍を入れようか」という話になった頃、彼女は渋谷のイメクラに転職していた。「違法な博打で稼いでる人と結婚するなんて友だちにも言えないから、せめてウチの店で働いて」と乞われ、風見はいよいよ性風俗の住人となる。

イメクラとは、イメージクラブの略である。簡単に言えば「男性客の妄想を叶える性風俗」ということになる。例えば「電車の中でOLに痴漢してみたい」とか「男性教師になって女子高生と教室でエッチしてみたい」というようなことだ。そのために嬢はOL風のスーツに身を包んでみたり、セーラー服を着たりする。そして店は天井から吊革を下げて電車の車内を再現したり、学校の机や椅子を用意して教室風の部屋を作ったりする。

九〇年代半ばは、そんなイメクラが一大ブームになった時代だった。基本的にそういったアイデア商売なのでメディアが取り上げやすく、雑誌はもちろん、テレビ番組『トゥナイト』、山本晋也カントクの風俗レポートコーナーなどでも紹介され、客が押し寄せた。

風見が勤めたのは渋谷に数店舗構える、イメクラ・ブームの中心になっていた人気店だった。オーナーは凝り性で、車の部屋を作るのに本物の自動車を半分に切って設えたり、電車の部屋にはリアルな車窓を再現するという力の入れようだった。店は繁盛し、風見自身も社長代行という地位まで出世する。

しかし儲かりすぎたことで摘発が相次いだのと、東京国税局の査察、いわゆる「マルサ」にも目を付けられた。そこでオーナーは、税金で身ぐるみ剥がれる前にと会社の解散を決める。風見

はその意見には賛成しつつ、

「でもオーナー、いきなりやめると言われても僕だって困ります。生活もありますから、次の職が見つかるまで食いつなぐためにも退職金をください」と申し出た。

すると太っ腹で、風見のことを気に入り可愛がっていたオーナーは、

「退職金なんてケチなこと言うな。お前はもう自分で商売をやれ。金は俺が期限なしの無担保で貸してやる。何かやりたいことはないのか」と聞いた。

風見は「デリヘルをやりたいです」と即答した。彼は店舗型のイメクラやファッションヘルスが、風営法の影響などでどん詰まりになっているのを肌で感じていた。これからは派遣型の風俗の時代が来るはずだと予測していたのだ。

オーナーは七〇〇〇万円をポンと貸してくれた。友人が立川に住んでいて、「立川ならステカンが立てられるから、新店の宣伝にはいいぞ」という情報をくれた。「ステカン」とは「捨て看板」の意、電柱などに設置する広告だ。自動車のドライバーから見た場合、同じ広告が繰り返し視野に飛び込んでくるため、広告効果が非常に高いといわれる。なおかつその名の通り回収せず放置してしまうため、コストも安い。しかし多くの自治体では景観や廃棄物処理の問題から条例で禁止されている。ところが立川は、その頃まだ規制がなかったのだ。時代は二〇〇〇年代に入ったばかり。インターネットはまだ一般的ではなく、デリヘルの開店広告に、ステカンが使えるのは

大きかった。

友人は不動産屋だったので物件も紹介してもらい、地元にも精通していた男だったので地回りのヤクザにも話は通してもらえた。

風見は初めて経営者になる、一国一城の主になるのだと張り切って立川へ乗り込んだ。妻も仕事を辞め、『愛本店』時代の後輩を従業員に雇い、三人は事務所に泊まり込んで頑張った。しかし――、経営は予想外に苦戦した。

まず第一に、何より大切なデリヘル嬢が集まらなかった。地元の女性は、風俗で働くなら都心へ出てしまう。何しろ中央線特別快速なら最短二四分で新宿に出られるのだ。また、立川だと親バレ、彼氏バレしてしまうからという女の子も多かった。

細々と営業したものの、どんどん先細りになった。このままでは後輩に払う来月の給料もままならないという状態になったとき、風見は思わぬ行動に出る。

「これがねえ、何を思ったか新宿の紀伊國屋書店に走ったんですよ」

と笑った。

本屋で九星気学の本を買った。七〇〇〇万円貸してくれたイメクラのオーナーが気学に凝っていて、ことあるごとにこの方角は悪いとか、店のこちら側に盛り塩をしておけなどと言っていたのを思い出したからだ。要は、神頼みするほど追い詰められていたのだ。

本を読んでみると、まず自分を取り巻いている「気」をよくしなければならないということがわかった。そこで風見は買った三冊のうちの一冊の著者でもある、駒込で事務所を開く気学の先生を訪ねる。品のいい老婦人であった。すると彼女は風見が何も言わないうちに、

「あなた、立川にお仕事を移された」と聞いてきた。

驚いて「何んでわかるんですか」と問うと、

「わかるわよ、そのくらい」と事もなげに言う。そして、

「また立川とは、悪い方角へ行ったものよねえ」と呆れたように呟いた。

そして彼女は風見に以下の行動を取るよう指示した。

毎月一度、東京から北西の方角、約一〇〇キロの場所まで行き、そこで一泊する。翌日は近くの神社で水を取って、土地のものを食し、温泉につかって帰ってくる。取った水は、東京に戻り、一週間で飲み干すこと。

効果は、当日、四日目、七日目、一〇日目、一三日目に現れるという。

正直、まったく信じられなかった。信じられなかったが、立川で商売を始めて一日たりとも休んでいなかった。自分を立ち直らせてくれ、風俗業に導いてくれただけでなく、立川で苦労を共にしてくれている妻とさえ、ぎすぎすし始めていた。

経営も生活も苦しいが、ここはひとつ休みを取るつもりで行ってみよう。温泉につかってリフレッシュして戻ればいいじゃないか。そう考えて出かけた。

宿を取ってさあ寝ようかと布団に入ったときだった。携帯が鳴った。後輩からだった。

「明日の夜、（女の子の）面接のアポが入りました」と言う。

そのときは特に気にも留めなかった。「わかった。夜までには戻るから」と伝え、気学の先生に言われたように、翌日は温泉につかり、土地のものを食べて戻った。

ところが、そこから見事に潮目が変わった。

次々と新人嬢が面接に訪れるようになった。美人ばかりではなかったが、どの娘も明るくて愛嬌があり、デリヘル嬢にはぴったりだった。そして風見は「——待てよ」と気付く。彼女たちが訪れたのは、まさに「当日、四日目、七日目、一〇日目、一三日目」じゃないか！　少し恐ろしくなった。

しかし彼には、そのことを気にしている暇すらなかったのだ。嬢が増えれば、当然客への送り迎えが必要になる。しかも、彼女たちは予想通り売れた。妻に内勤の電話受けを任せ、後輩と二人大車輪でドライバーとして走り回った。

嬢たちにはどんどんリピーターがつく。そうなってくると立川というデリヘル未開の地であることが逆に効いてきた。事務所で妻ひとりが受けるだけではパンクしてしまうので、風見は自分の携帯に転送し、ピンマイクを装着して運転しながら電話を取れるようにした。週末になると特に凄まじかった。ハンドルを握りながら客のオーダーを受けていると、キャッチホンが隙間なく鳴り続ける。なので普段は後部シートに乗せる嬢を助手席に座らせ、メモを取ってもらった。風見は運転しつつ、客の名前と住所を読み上げるのだ。

気が付くと風見のデリヘルはドライバー十一人、内勤スタッフ六人、キャスト（風見は嬢たちをこう呼んだ）五〇人以上という、大人気店になっていた。

「風見さんご自身は、気学ってものをどうとらえているんですか」と聞いてみた。

「一般の方は気学っていうと『占い？　当たるも八卦当たらぬも八卦でしょ、私は信じないわ』なんて言う。でも、そういう人に限って神社で神頼みしたりするんだよね。あるいは『アナタ、B型なの？　自分勝手でしょう』とかさ（笑）。つまり何が言いたいかというとね、人間誰しも必ず、そういった人智を超えたものをどこかに想定したいんです。なぜか。この世は人の都合では動いてくれないからです。九星気学では、人は『オギャー』と生まれた瞬間から、その運命は決まっているとされてます。僕も、それが本当かどうかはわかんないですよ。でもね、人間、いいときがあれば悪いときもある。それは確かでしょう。僕ら商売する人間は、いいときに怠けて過ごせば業績伸びないし、悪いときに無理に借金して頑張れば、負債が膨らんで首が回らなくなったりする。これは、紛れもない真実なんです」

風見はこんな例も出した。例えばプロ野球でも高校野球でも、相手ピッチャーにノーヒットで抑えられ、一〇対〇で負けているチームは、絶対に一発逆転なんかできない。だからバッターが力んでホームランを狙ってもまったく意味がない。空振りして三振するリスクが高くなるだけだ。だったらまずランナーを塁に出すこと。人生も同じで、悪いときに一発逆転を狙うと、大怪我をする確率の方が高い。

「野球といえばイチロー、いるじゃないですか」と風見は言う。

「あの奥さん（元TBSアナウンサーの福島弓子）、かなり詳しいって話です」

「気学に」

「ええ。本人がすっごく勉強してるか、あるいはいい先生について随時的確なアドバイスもらってる。これは気学やってる人間の中では有名です。だって、メジャーに行って十七年でしたっけ、ほとんど怪我らしい怪我がない。そんなことは普通の人間では考えられないでしょう。同じ天才でも松井秀喜を見てごらんなさいという話ですよ。イチローはね、僕が見る限り自分の平常な状態というのを実によくわかってます。そういう人はいいときと悪いときがハッキリ認識できる。一般の人間はそれがわからない。自分が今、いい状態でいるのか悪い〈気〉に支配されているのか、だから怪我をしちゃうんですね」

そう言われてみるとイチローのあの、ネクストバッターズサークルから打席に入り構えるまでの神経症的なルーティンは、風見の言う「平常な状態」を確認しているようにも見える。また、イチローは日常生活においても、起床から就寝までほぼ同じ行動パターンを繰り返し、球場入りの時刻や練習の手順まで、一切を乱さず行動を一定化しているとされる。これもまた常に平静を保ち、運命の波に敏感であろうとしているのだろうか。

ところが、そんな風見の立川のデリヘル店も、思わぬ運命の波にのまれてしまうことになる。

後から思えばだが、それはちょっとしたボタンの掛け違えから始まった。

立川の店を立ち上げて五年、すべてが順調に進んでいた。その頃風見は内勤スタッフのトップに、元大手銀行の行員だった男を据えた。そういう人材を入れないと、資金を管理できないほど店の経営が発展していたのだ。

そんなある日、売り上げナンバーワンだった嬢が、その元銀行員のスタッフに、

「私、お店辞めようかなあ」と呟いた。

彼女は、実はその元銀行員のことが好きだったらしい。一〇代からいくつかの風俗を経験してきた女の子にとって、一流大学卒のエリートは輝いて見えたのだろう。だからかまってほしくて甘え、本心でもないことを口にしたのだ。

「何言ってんの、この店は××ちゃんでもってるんだよ。頑張ってよ、僕もできるだけサポートするからさ」

風見が言うには、風俗業をやっている男なら、そう答えるのが常套手段だ。あるいは「気分転換においしいものでも食べにいこうか」と食事に誘う。そうすれば若い女の子の機嫌は一発で直ってしまう。辞めたいなんて、そもそも本心ではないのだから。

ところが、真面目一方で女心に免疫のなかった彼は青くなり、

「君が今辞めたらこの店はどうなるんですか。大手の銀行を辞めてまでデリヘルで働き始めた、僕の人生はどうなるんだ」と問い詰めてしまった。

結果、彼女は店を辞めてしまった。単にヘソを曲げてしまったのか、包容力を示してくれなかっ

た彼に幻滅したのか、あるいは遠回しに「好き」と言って伝わらなかったことに落胆したのかはわからない。風見は、数日後に「××ちゃんが辞めました」と伝えられただけだった。

そんなことはよくある話だった。ナンバーワンが辞めてもナンバーツーがいる。そうなると二番手だった女の子はかえって張り切ってくれたりもする。また、新人も入ってくるし、その娘が伸びてくれる可能性だってある。

ただ、風見はその頃になると経営に集中し、現場に下りていなかった。嬢たちと会話をし、彼女たちの顔色を見ることを忘れていた。先ほどのイチローになぞらえて言えば、日常を見つめ平静を保ち、運命の波に敏感であることを怠っていたのだ。

決定的だったのは二〇〇五年、風営法の大幅改正だった。このときからいよいよ派遣型ファッションヘルス（デリヘル）に対する規制が厳しくなる。受付所は店舗とみなされ、住所などの届出が必要となり、営業禁止区域内にある施設は、摘発対象となった。

それまでは、デリヘルは受付所、つまり事務所をどこに開こうと自由だった。何しろ実際に嬢が派遣されて営業活動を行うのは客の自宅でありホテルなのだ。ところが事務所が店舗と見なされることになれば、当然、貸し主の許可が必要になる。マンションを借りて、そこで勝手に飲食店を経営するのがダメなのと同じ理屈である。

風見の店も、とあるマンションの一室に事務所を構えていた。大家に相談するとやはりいい顔はしない。それでも何とかお願いしますよと頼み込むと、「地階にも部屋があり、そこなら目立たないので許可しましょう」ということなった。

同じ建物で上から下へ下がるだけなので、気学の方位としても同じだからと引っ越した。しかしそこを境に売り上げはさらに下降を続けた。二年経って「これはおかしいぞ」と久しぶりに駒込の先生を訪ねてみると、

「建物の上下だけでも方位は大いに変わり、運勢も激変するのだ」と教えられた。それからは気学上も経営的にも改善を試みたが、結局店の状態は上向くことはなかった。

店を畳んだのは二〇〇八年の一〇月。リーマンショック直後、アメリカで証券会社リーマン・ブラザーズが破綻して間もなくのことだった。

風見は、単に個人的な運気の下降ではなく、世界中を支配していた「気」が、あの時期大きく変わったのだと考えている。


しばらくは文字通り「気」が抜けてしまい、妻が友人の経営するバーで働き始めたこともあり、自宅でぼんやりと過ごした。すると噂を聞いたのだろう、イメクラ時代からの知り合いで、新宿でデリヘルをやっている人物から連絡があり、「手伝ってくれないか」と頼まれた。

そこも経営があまりうまくいっておらず、ドライバーは全員辞めてしまい、女の子も少なかった。やはり、世の中全体の景気が下降していた。風見は社長と二人、内勤とドライバーを交代で務め、二人三脚で頑張ることにした。基本的には、今もその生活が続いている。そしてこの一、

三年になってやっと、デリヘルの勢いも上向き始めた。

経営者でなくなったことから肩の荷が下りたのか、改めて見えてきたことも多いという。そしてまたいつか、自分の風俗店を持ちたいという希望も生まれた。なぜなら、

「僕はね、風俗嬢と太い絆で繋がってるような気がするんです」と、風見は感慨深く呟く。

「家内もそうだったでしょう。彼女には本当に助けられたし、今も支えてもらってます。バイオリンは挫折したし、ホストも中途半端で終わった。だから結局のところ立川時代も今も、僕は風俗嬢に食わせてもらって、生かしてもらってると思ってる」

風見から見て、風俗嬢ってどんな娘たちだろうと聞いてみた。すると想像していたよりも、ずっと重い答えが返ってきた。

「やっぱりお金です。金のために体を売る女、それ以上でもそれ以下でもない」

風見の経験からすると、一〇〇人、二〇〇人にひとりくらいの割合で、「セックスが好きだから」と言う女の子が面接にやってくる。「刺激が欲しいの」と言う娘もいる。でも、全員が嘘つきだ。何かをごまかしているにすぎないという。その証拠に、「好きだから」と始めた娘は、数カ月するとほぼ全員、自分の言ったことを忘れたように、あっさり辞めてしまう。

「女の子は、どうしようもないところまで追い詰められたから風俗をやるんです。それはある意味、人間としての一線を越える行為だと思う。けれど、だからといって我慢して、自分を殺して男に体を貸す、そういう娘は絶対に売れないんです。身も心も一線を越えて、客にすべてを与え

て、なおかつ自分も楽しめる、そんな境地に立った娘だけが売れる。なぜなら、そうなったときに初めて、客も喜びを得るんです」

　そして風見は、これまでになく僕を真っ直ぐに見つめたかと思うと、

「だからね、先生」と言った。

　インタビューも後半に入ると、打ち解けたのか風見は僕をこう呼ぶようになった。その言い方は、少しも嫌味じゃなかった。まるで古い友だちに、「先生」というアダ名で呼ばれたような親しみがあった。

「売れる女の子ほど心を病むんです」

「――ああ、なるほど」

「相手のことを考えるじゃないですか、客のことも、僕ら経営者のことも。お客さん、満足してくれたかしら、私のこと好きになってくれたかしら、社長は私のことどう思ってるんだろう、頑張ってるって評価してくれてるのかしらって」

「そこまで突き詰めて考えるから病んでしまうんですね」

「そう。けれど病むくらい考え抜かないと、心と心は繋がらないんですよ。でも、どうせ体を売るのなら、心が繋がった方がいい。そう思いませんか。僕はそう思うな」

　心と心が繋がること、それが天才的なバイオリン少年だった彼が、数々の挫折を経て、たどり着いた答えだったのかもしれない。

最後に聞いてみたい質問があった。

「風見さん、今、クラシック音楽って聴くんですか」

するとと、

「聴きますよ、たまに。疲れていて、リラックスしたいときとかね」

と事もなげに答えた。

「ずっとですか。聴きたくなかった時期とかなかったんですか」

「ないですよ。全然ない。音楽っていいもんですよ、やっぱり」

そう屈託なく笑う。やはり、この男は心底明るいのだろう。

質問を変えてみた。

「あのとき、バイオリンをやめていなければって、後悔したことはないですか」

すると風見はおどけたような表情を作り、

「正直言うと、あるかな」と微笑む。

「桐朋のバイオリン専攻同期で、いまだに付き合いのあるヤツがひとりいるんですよ。もう何年も、某有名演歌歌手の専属をやってます。いいギャラもらってるんだ、俺より下手だったくせに（笑）。でもね、彼は例外的に運がいいんだよ。今、ミュージシャンは食えません。だって全部デジタルで作れちゃうでしょう。特にバイオリン奏者なんてギャラが高いからね、なかなか使ってくれないと思うよ」

そして「そういえばこの頭なんだけどね」と、二〇〇二年のデイビッド・ベッカム風のお洒落な髪を撫でてみせた。

「もう二〇年近く同じ美容師さんにやってもらってるんですよ。それこそホストの頃から。彼がこの間言ってたんです。今はいろんなものがロボットに取って代わられてるけど、美容師だけは絶対ロボットにはできないって。風俗も同じだと思いませんか。ロボットにおちんちんシゴかれて抜いてもらうなんて、ゾッとするでしょう。だから風俗っていい仕事なんです。女の子も僕らも、客に『来てくれてありがとうございます』って言って、お客さんは『楽しかったよ』って帰っていってくれる。まあ、スタンディングオベーション、『ブラボー！』とまでは言ってくれないけどね」

風見隼人はそう言って、最後にもう一度ひときわ明るく、そして豪快に笑ってみせた。

第9章

間違い電話

彼女は、彼に黙って雑誌に手紙を出した。

いわゆるゲイ雑誌である。文通のコーナーがあって、多くは男性を愛する男性がパートナーとの出会いを求めるものだが、一部、女性からの手紙やメールもある。

それは、ゲイの人の中には事情があってカミングアウトすることができず、偽装結婚を求める人がいるからだ。女性にも、何らかの理由があって結婚しなければならない人がいる。また、子どもの問題もある。当然のことだが、ホモセクシャルやレズビアンのカップルに、子どもは生まれない。

彼女と彼は、結婚することができなかった。彼女には、病気の父親を安心させなければならないという事情があった。

それから二〇年近くの月日が経った。彼と彼女の恋は成就しなかったが、今でも、彼の元には電話がかかってくる。

彼女からではない。彼女の住む街、その半径十五キロ圏内から、彼の携帯には定期的に、そして忘れた頃に間違い電話がかかってくる。

彼には幼い頃、野に咲いている花や草と会話ができた、という経験がある。実は今も、同じようなことが起きる。毎月一日と十五日には、神社へお参りに行く。特に信心深いというわけではないが、あの「しん」とした感じが好きなのだ。

鳥居をくぐるとき、

「来ましたよ」と心の中で呟くと、それに応えるように、境内には爽やかな風が吹き抜けていく。毎回、必ずだ。

「――そういえば」と彼は思い出す。彼女にたしなめられたんだっけ。

私はわかるからいいけれど、他の人にそういうことを言っちゃダメよ。変な人って思われちゃうから。

それでも彼はこう思うのだ。電気や電波は、生き霊みたいなものだ。どれも目には見えないけれど、ある。人への思いはもっと確実に存在する。だから、彼女の思いは形を変えて、僕に届く。なぜ形を変えたのか。それは彼女が最後に、

「もう二度と会わないからね」と告げたからだ。

高宮城朝誠《たかみやぎちょうせい》というその変わった名前を持つ男は、強い魅力を放っていた。とはいえ愛嬌を振りまいていたとか、彼がいわゆる「人たらし」的な会話術に長けていたわけではは、ない。むしろ饒舌でもなく、人懐こい性格とも言えなさそうだ。ただ、こちらの聞くことに対しては実に淀みなく答えた。語り口には独特の柔らかさがあり、相手を穏やかな気持ちにさせる何かがあった。

約四時間にも及ぶ長い会見だったが、同席していた編集K氏は思わず、

「ずっと話していたい人だ」と洩らした。

高宮城を紹介してくれたのは志葉淳だ。取材を終え、「以前一緒にデリヘルドライバーをやっていた人で、お話を聞ける人はいないでしょうか」と聞いてみると、「うん、面白い人がいますよ」とあのクールな口調で、たいして面白くもなさそうに言った。そして、「おなべの人なんだ。いいヤツですよ」と付け加えたのだった。

どうやら志葉が最後に語った、一緒に旅行に行くメンバーのひとりらしい。

〈おなべ〉とは生物学的には女性として生まれながらも、ジェンダーとしては男性である人のことだ。女装する男性を〈おかま〉と呼んだことから派生した用語である。ゆえに多かれ少なかれ差別的なニュアンスを含むようだが、高宮城本人も会話の中で、ごく普通に「おなべ」という言葉を使った。

新宿の外れ、大久保通り沿いにあるファミリーレストランで会った。彼を見て、元女性だったと気付く者は誰もいないだろう。

小柄だががっちりとした筋肉質の肉体。髪をスタイリッシュに短く刈り込み、その髪と同じ長さの髭が、もみあげから顎、口元へと続いている。目鼻立ちははっきりとして睫毛が長い。それは彼がかつて女性だったからというより、沖縄生まれの人の特徴だろう。

それより目を惹いたのは、一般的な中年男性と比べると、高宮城には実に洗練された清潔感があった。口調も穏やかで女性的だ。だからむしろ、「あの人はゲイなんだよ」と言われた方が納得するだろう。

しかしそういった外的な印象よりも、高宮城にはその言葉の端々から発散される、しなやかだがとても力強い姿勢のようなものがあった。

一言で言えば、「自然」ということになると思う。彼には女性として生まれながらも、「男らしくあろう」という無理や力みが一切なかった。高宮城にあるのは――自分は自分らしくあればいい――それだけだ。

自然は自由と言い替えてもいいだろう。高宮城と話していると、

「あなたも自由に生きたらいいじゃない」

そう言われているような気がした。

一九七〇年に、沖縄県の小さな海沿いの町で生まれた。今は有名なリゾートビーチになっているが、当時は見渡す限りサトウキビ畑が続いていたという。

「特に男の子とばかり遊んでたとか、女の子っぽいお人形遊びが嫌いだったとか、そういうことはなかったよ。というか人間とあまり遊ばない子だったんです（笑）。お母さんの後について畑へ行って、僕はひとりずっと空や木を眺めてる、そんな子だった」

だから自分の性に違和感を持つ前に、「変わった子だね」と誰からも言われていたので、「自分の何が変わってるんだろう」と、そうずっと思い続けていた。

幼稚園のとき、女の先生を好きになった。それが初恋だった。小学校に上がっても、女性の先

生に恋をした。そういう意味ではマセた子どもだった。そして、「やっぱり生理だよね」と言う。

「ショックというか、ああ、やっぱり自分は女なんだなあって、その証拠を突き付けられたというかね。僕、遅かったんですよ。中学三年。だから『僕だけには来ないんだ』って、ひそかに期待してたのかもしれない。だから、やっぱり来ちゃったなって。衝撃だったよね」

小学生の頃はずっとズボンでいられるけれど、中学校に上がると制服なので、どうしてもスカートをはかなければならなくなる。

「体操着のジャージのズボン、あるでしょ、あれをスカートの下にはいて登校して、学校に着いたらスカート脱いでたね」と語る。

それはやはり、「スカートをはくことに抵抗があったから」と聞いてみると、

「いや、それもあるけど、周りがうるさいから」と言う。

特に母親が厳しい人だった。しつけとして、「女の子は女の子らしくしなさい」と常にたしなめられた。

中学校二年生のとき、同じバレーボール部の先輩と文通をした。ドキドキした。その先輩はとても綺麗な人だったが、孤高の人でもあった。女の子たちと群れず、男の子に人気があったので「はぶんちょ（仲間はずれ）」にされていた。それでも意に介さず、凛としているところに惹かれた。

高校は公立の、女子校ではないが極端に男子の少ないところに進学した。

「どうしてそういう学校へ」と問うと、

「可愛い子が多かったからですよ」と笑う。

そう、高宮城は早熟で、品のない言い方をすれば、一〇代の頃から「女好き」だった。

「制服がピンクだったから着るの嫌だったんだけどね、でも、可愛い女の子の方を選んじゃったんだ」

そして、「自分は女の子が好きなんだ」とカミングアウトした。友だちも、嫌悪感を持つことなく理解してくれたという。

卒業し、就職先は沖縄県内だが、わざと通えない会社を選んだ。いわゆるカントリークラブ、ゴルフ場である。寮完備というのが魅力だった。家を出て、親から自由になりたかった。

「本当は僕、自衛隊に入りたかったんです。自衛隊なら、女でも男と同じ仕事ができるじゃないですか。でも、お母さんが絶対だめだって。女の子らしい職業じゃないから、お嫁さんにもらってくれるような仕事に就きなさいということですよ」

最初はゴルフ場内のレストランにウエイトレスとして配属されたが、希望を出してキャディになった。キャディならズボンをはいて仕事ができるし、無理に女らしく振る舞わずに済むからだ。

「同僚がおばさんばっかりで綺麗な人がいなかったから残念だったけど」と言うが、「オトコオンナ」と呼ばれて可愛がられた。

ただその職場では、ある大きな出会いがあった。

ひとりだけいる同世代の女性で、彼女もまた、自分の性に違和感を抱いていた。

「そういうのって、わかるものなんですか」

「わかりますよ。匂いでわかる。僕たちはそういう仲間もわかるし、街を歩いてたら、オネエの子だってわかりますよ」

最初は彼女のことを何となく嫌いだった。しかし、次第に友だちになって、お互いカミングアウトするとすぐに同志になった。

「彼女が東京に行くって言い出して。ダンプカーの運転手になるんだって、会社も探してた。沖縄はやっぱり田舎だから保守的なんですよ。東京なら都会だから、今よりきっと自由に生きられるからって。僕はそこまで決心がつかなくて、でも、会社に異動をお願いして、千葉のゴルフ場へ転勤するんです」

二一歳のときだった。そして、初めての恋人ができる。

「やはりキャディの同僚です。彼女は、普通に男性が好きな娘だったと思う。それまでは男としか経験がなくて。でも、好きになったら性別なんて関係ないというタイプだった。とても自由な精神の持ち主だったんです」

アメリカで育った帰国子女だった。婚約まで決まっていたのがなぜか破談になって、日本に戻ってきたのだと言っていた。

ところが高宮城はそこで病気になってしまう。腹痛を感じて医者に行くと、卵巣がかなり悪いという。内心、「ラッキー」と思った。彼にとって、女性の象徴ともいえる卵巣のある体は自分らしくなかった。かなり重症だったので、会社を辞めて沖縄で入院した。しかし両方の卵巣を摘出することに、母親は難色を示した。

「男の子みたいな娘だが、いつかは女らしくなって結婚し、子どもを生んでほしい」と、親心だった。

「お医者さんには言ってたんです。僕は〈おなべ〉だから、卵巣は要らないんですって。でもお母さんが反対するので、そのときは悪い方の右だけを取りましょうって」

半年間の入院。すると帰国子女の彼女も仕事を辞めて沖縄に来てしまった。情熱的な女性だった。高宮城の傷が癒えたところで、二人は福岡県へ引っ越し、やはりゴルフ場へ勤めて同棲を始めた。

ところが恋は燃え上がった分だけ、冷めてしまうのも早かったようだ。彼女は「このままあたといても先が見えないから」という言葉を残し、東京へ帰ってしまった。

彼はそのまま福岡県に残る。

「だって博多美人の街ですから。福岡って綺麗な人が多いんですよ。たくさん可愛い人と知り合って遊んで、幸せでした」

と笑う。こういう屈託のなさが、この人の計り知れない魅力だ。

そして、人生の転機がやってくる。

「たまたまテレビを見てたら、新宿の『おなべバー』のドキュメンタリーみたいなのをやってたんです。うん、やっぱりこれだ。僕が行くべき場所はここなんだって」

実は沖縄時代の同僚、東京でダンプカーの運転手になった友だちも、いつか「おなべバー」で働きたいと言っていた。そのためにまずはお金をためるんだと。

高宮城も仕事を辞め、東京を目指すことにした。ゴルフ場の同僚たちは全員彼の事情は知っていたから、

「頑張ってこいよ」

「東京で有名人になってこいよ」

と盛大に送り出してくれた。福岡の友人たちとは、今でも交流が続いている。


時は一九九〇年代前半、〈おなべ〉という存在が世の中に知られ始めた頃だった。高宮城が入店した店は、テレビや週刊誌等で頻繁に紹介されたこともあり、盛大な人気を誇っていた。従業員は約六〇名。ホストのように高級スーツに身を包み、女性客たちから嬌声を受けて迎えられた。歌舞伎町の外れ、ビルの四階だったが、毎晩、階下の入口まで、ずらりと客の行列が続いた。

ところが、「ここが僕の行くべき場所」と思っていた高宮城だったが、実際入ってみると、「おなべバー」は彼にとっては違和感ある場所だった。

「何ていうんでしょう、体育会系過ぎるというか。上下関係が厳しくて、規則も細かいんですよ。一見男っぽい世界なんだけど妙に女々しいんです。ネチネチしていて」

想像するに、一般的なおなべの人には、やはり「男らしくしなければ」という気負いがあったのではないか。それに比べ高宮城はあまりに自然で自由だった。

「男らしいとか、らしくないとか、僕はその人の個性だと思うんですよ。普通の男性でも女性的な人はいるし、女性でも男っぽい人はいるでしょう」

高宮城はその頃肉体的にはまだ女性だったが、当時の「おなべバー」には胸を手術している者の方が上位。下半身も変えている人はさらに上というような暗黙の序列もあった。

「僕は、問題は中身だと思っていたから、合わなかったよね。僕も若かったから生意気だった。『お前は新人なんだから、売れてる先輩と軽々しく口をきくな』なんて言われると反発してた。あとから考えたら、売り上げもたいしてない子が、偉そうに自己主張するなんて恥ずかしいことなんだけどね」

約二年ほどその店にいたが、ある日、同じ系列のホストクラブに異動しないかという打診があった。オーナーが、「ホストの中におなべがひとりいたら面白いんじゃないか」と考えたのだ。

「おなべってホストが嫌いなんです。だから『おなべバー』の人たちにはすっごく反対されましたよ。『ホストクラブなんか行っても、お酒飲まされて体壊すだけだ』って。でも僕は面白そうって思ったんですよね」

実際面白かった。四〇人ほどいるホストの中にひとりだけ〈おなべ〉がいるということで客からは面白がられ、可愛がられた。

「特に、吉原のお姉さんに可愛がってもらったな。ソープのお姉さんっていうのは、ホストにはキツく当たるんです。『お前は水だけ飲んでろ』とか、逆に『私の酒が飲めないの！』とか。でも僕はコッソリお小遣いもらったりしてた。『これで何かおいしいもの食べなさい』って。心根は優しい人が多かったんだ」

ソープランドで働く女性には、自分が世間に対しておおっぴらに言えない職業だという疎外感があったのではないか。だから同じく〈おなべ〉というマイノリティには親近感があったのかもしれない。高宮城はこのとき、「いろんな娘がいるけれど、風俗嬢というのは気持ちの優しい人たちなんだ」という印象を持った。それが後にデリヘルドライバーになったとき、「(デリヘル嬢にも) だらしのない娘はいるけど、悪い娘ばかりじゃない」という意識を持つに至る。

ちなみに、志葉淳に出会ったのがそのホストクラブだった。志葉がわずか一日だけ先輩だった。

「志葉クンはね、変わりませんよ。若い頃からあのまんま。クールでね、女の子にモテて、でも自分からはガツガツしない。僕とは正反対 (笑)。だから気が合うのかな」

居心地がよくて毎日が楽しくて、そのホストクラブには八年在籍した。

そんな長く続いた楽しい仕事だったが、辞めようと思ったのは好きな娘ができたからだった。

先輩の指名客が「私の友だちなの」と連れてきた女の子だった。ホストクラブには似つかわしくない真面目そうな娘で、高宮城はひと目惚れした。

「僕、広末涼子のファンだったんですよ。八重歯のある女の子が好きで。彼女をひと目見て、広末ソックリって思って。周りからは『全然似てないじゃん』なんて言われたけど」

親しくなり、彼女は料理が得意だと言い、「ご馳走してあげるから」と高宮城のマンションに夕食を作りにきてくれた。食事をし、酒を飲んでいるうちに雰囲気が高まり、二人は関係を持つ。

「でも僕、好きだ好きだって言いながら、その後仕事が忙しくて連絡しなかったんです。そうしたら『何ですか、私ってただヤラレた（セックスされた）だけですか。チョー腹立つんですけど』って電話がきて」

そういう、気の強いところも彼は好きだった。

「料理を作りにきてくれるというのも積極的だよね。高宮城さんが元女性だからという安心感もあったのかな」と聞くと、

「うーん、そうかもしれないし、逆に僕がおなべだということで、興味というか、好奇心があったのかもしれない」と言う。

ともあれ、二人は真剣に交際するようになった。

彼女はお嬢さんだった。実家は東北のある地方都市で、私立校を二つ経営していた。父親はその片方を長男に、もうひとつを娘に継がせるつもりだった。彼女自身も教員免許を持っていて、近い将来そこで教師になる予定だった。当時は大学を出て、しばしの猶予期間を東京で、広告代理店に勤めながら過ごしていたのだ。

高宮城も、水商売から足を洗おうと決意した。自分に合う仕事は何かと考え、整体師の専門学校へ通うことにした。二年間のコースである。福岡県のゴルフ場に勤めていたとき、専属のマッサージ師のおばさんがいて、仲良くしていたこともあり時々施術をしてもらっていた。

そのときの気持ちよさが忘れられなかった。誰かの体を整え、健康にしてあげる。それが自分にできたら素晴らしいことだと思った。学歴も性別も関係なく、身ひとつで生きていけるところも魅力だった。

ホストクラブに勤めながら学校に通うのはとても無理なので辞めた。しかし金もかかる。昼間は派遣でETC車載器（車の情報を料金所のアンテナと無線交信する機器）を作る会社に勤め、同時に知り合いのペットショップから夜間の掃除の仕事をもらった。

その頃の高宮城は既に、定期的にホルモン注射を受けていたので風貌は誰が見ても男性そのものである。ゆえに身分証明書を提示するような仕事は難しかった。最終的にそのETC車載器の仕事も、「正社員にならないか」と言われて辞めてしまった。身分証を見せ、好奇の目で見られるのが嫌だった。

結局、ホスト時代の同僚が始めた、闇金融で働くことになる。

「彼女には、悪い仕事はしないでねって言われてたんだけど、派遣や普通のアルバイトじゃ頑張っても学費を稼げないいんだよね」

志葉淳が、酒で体を壊しホストを辞めた後に入ったのと同じ闇金である。ただし、支社も部署も違った。高宮城が配属されたのは、都内に二〇店舗を保有する組織内で「センター」と呼ばれる部署。客のデータを管理するところだった。

志葉がいたところが「営業部」である。そこから「××という人物から借り入れの依頼があった」と「センター」に連絡が入る。高宮城たちがコンピュータを操作すると、「××氏」がどこでどれだけ金を借り、滞納しているかという情報が瞬時にわかるわけだ。

高宮城は朝の九時から夕方五時まで闇金に出社。夜の七時から一〇時半まで整体師の専門学校へ通い、夜中はペットショップの掃除と、新橋にあったタイ式マッサージの店で朝五時までのアルバイトを交互にと、文字通り寝る間もなく働いた。

「センター」は言わば闇金の頭脳であり心臓部だった。ひとつの店舗が検挙されても他店は逃れることができるが、「センター」にガサ（警察の家宅捜索）が入ると全店が引っ張られる。だから他店の人間にはその場所も知らされていなかったし、働いている人間同士の交流も必要最低限に抑えられた。高宮城がおなべだと知る者もいなかったという。

そして支店が摘発されると、高宮城たちはデータを持ってそれぞれ分散し逃亡するよう指示される。最終的には大規模なガサが入るという情報が流れ、「センター」のほとんどの人間が逮捕された。高宮城は事前に知らされて難を逃れたが、その代わり仕事を失った。

ちょうど同じ頃だった。恋人の父親が倒れた。まだまだ先の話だと考えていたが、東北の実家に戻り、学校を継ぐ話が突然目の前に迫った。

彼女がゲイ雑誌『さぶ』（サン出版。二〇〇二年二月号で休刊）に手紙を出したのはそのときだ。「三人ほどの男性に会って、誰もがいい人だったけれど、細かい条件が合わなかった」と、高宮城は少し後にそのことを知らされた。

彼女は、同じ県内の人を探していた。父親の学校を継ぐため、いずれは帰らなければならないからだ。そして四人目の男性が現れたときだった。

「あのね、中学の同級生っぽいの。名字も名前も、住んでる町も同じなのよ」と、彼女は言った。

そして彼に会うために帰省し、戻ってきてから、

「やっぱり、そうだったわ」と高宮城に伝えた。

彼はゲイで、カミングアウトできなかった。保守的な土地柄だった。男性の恋人と付き合いを続けていくためには、地元で偽装結婚をするのが最良の方法だった。

「それって縁だと思う」高宮城は彼女に言った。

「だから一緒になりなよ」

東京の大学へ行っていた彼女がある日帰省し、同級生だった彼と偶然再会する。中学生の頃は意識しなかったが、大人になった二人の間には恋が芽ばえた。誰もが納得するストーリーだった。

彼女と彼は地元で盛大な結婚式を挙げる。高宮城は彼女側の友人のひとりとして、ひっそりと出席した。気分は複雑だったが、それ以上に嬉しかった。

一年経って、彼女と彼は体外受精で子どもをもうけた。女の子だった。現在は高校生になって

いるはずだ。

しかし彼女と高宮城の気持ちは、子どもができた直後からすれ違うようになる。理由は幾つかあった。遠距離恋愛であること。高宮城が学校と仕事に追われ、頻繁に会いにいけなかったこと。彼女の夫、つまり元同級生はゲイだったから二人の間に愛はなかったが、家族としての情が生まれたこと。

通常は二年間のところ三年かかってしまったが、整体師の免許は取得した。けれどすぐにそれだけで生活することはできず、闇金時代の付き合いから、「出し子」をしてしのいだ。架空口座のキャッシュカードを数十枚持ち、「債務者から返済金が入った」との連絡を受けるたび、指示された銀行やコンビニのATMで金を引き出すのだ。「飛ばし」の携帯を渡され、それもひと月に一度くらいは新しい携帯と交換させられた。危険な仕事だった。

やがて、彼女から別れ話の電話がきた。

「やっぱり、そばにいてもらえないのは寂しい」と言われた。

高宮城は、

「――わかった」と応じた。

彼は今でも責任を感じている。彼女は男性もごく普通に愛せる人だった。自分と出会わなければ、ごく普通の結婚をして、好きな人の子どもを生めたのではないか、と。

悪いこととは重なる。

「出し子」をやっているとき、後ろめたい気持ちがあったのだろう。銀行の前で慌てて転び、足の指にひびが入ってしまった。真夏だった。病院でギプスを巻いたが、あまりに暑苦しいので取ってしまった。するると足が腫れ始めたが、かまわずそのままにしていたら、歩くのも困難になってしまった。実は今でも足を引きずっている。

その一件があってから、整体師の仕事をすることに疑問を持つようになった。

「自分の体も満足に管理できないような人間が、人さまの体を治すなんておこがましい」

そんなふうに考えてしまう。

それでも生活していかなければならないので、「出し子」の仕事は続けていたが、あるとき、銀行のATMに入れたカードが戻ってこなかった。警報のようなものが鳴って、行員が来そうなので逃げた。これは本当にいけない仕事なのだと思った。

そんなとき、志葉淳から突然電話があった。

「今でも闇金関係の仕事してるの」と彼は聞いた。

「――うん、まあ」と曖昧に答えると、

「やっぱりそうか」と独り言のように呟いた。そして、ニュースで監視カメラの映像が流れた。君に似ている人が映っていたから電話したんだと語った。

「もうやめた方がいいよ」と志葉は言った。

彼の方も無許可風俗店の店長で二度続けて逮捕されていた。そして、

「今、デリヘルの運転手やってるんだけど、一緒にやらないか」

と持ちかけた。ホスト時代の共通の友人が経営する店だった。

こうして高宮城朝誠は、デリヘルドライバーになった。


運転免許は高校を卒業してすぐに取得した。沖縄には鉄道がないので（現在は「沖縄都市モノレール線」がある。二〇〇三年開通）キャディ時代は運転したが、千葉のゴルフ場に転勤になって以来ハンドルを握ることはなかった。高宮城は、東京の道を運転したことがなかったのだ。

「だから最初の頃はすっごく怖かったですよ。特に初めて乗せた女の子がインパクトが強くて、これは困ったなあって思った」

AV女優もしている、ナンバーワンの嬢だった。そのせいか気位が高く、高宮城が道を間違えると舌打ちし、「使えねえヤツ」と小声で呟いた。

「すいません、ごめんなさい」と謝りながら運転したが、社長にも「何よ、あの新人ドライバー、全然ダメじゃないの」と告げ口された。社長は「ごめんね、俺の友だちだから我慢してよ」となだめていたが、実は思惑があった。最初に一番扱いにくい嬢を当てて、「この娘が扱えるようになれば大丈夫」と踏んだのだ。

「僕がおなべでしょう、だから普通の男の子とは違って女の子の気持ちがわかるだろうし、彼女たちもしゃべりやすいだろうから、いろいろと話を聞いてやってほしいって、そう言われたんです」

「教育係ですね」と言うと、

「そうですよ、本当にヒドイ娘ばっかりだったんだから」と笑う。

「もうひとり困った娘がいて。彼女はストリップの踊り子さんもやっていて、すっごく人気があったんです。最寄り駅まで迎えに行ったら、会うなり『今日は帰る!』って。どうしてって聞いたら、『電車の中で足踏まれたから気分が悪い』って。そんな困るよ、あなた予約で一杯なんだからってなだめて」

彼女はその後も事あるごとに、「昨夜彼氏と喧嘩したから」とか「生理が重くて」と文句を言って仕事をサボりたがった。ひどいときには「今日は髪の毛が決まらないからイヤ」と言った日もあった。高宮城はそんなデリヘル嬢たちの愚痴を聞き、なだめ、ときには叱咤した。また、自身も必死になって東京の道を覚えた。

しばらく経ったある日、初日に舌打ちし「使えねえヤツ」と言ったAV女優を迎えに行くと、「ちょっとコンビニ寄って」と尊大に言う。暑い日だった。車を止めて待っていると、彼女が運転席の窓をコンコンと叩く。ウインドウを下ろすと、

「飲めば」とぶっきらぼうに缶コーヒーを差し出した。

へえ、けっこういいヤツじゃん、と思った。

それ以降、高宮城はデリヘル嬢たちと積極的に話をするようになった。誘われれば食事にも行

き、悩みも聞いた。

「僕はよく、あの娘たちに『アンタたちはミジンコ以下』って言ってた。人間らしく扱ってほしければ、仕事くらいちゃんとしようよって。その『髪の毛が決まらない』娘はミジンコ一号、もうひとりすぐ鬱になっちゃって休んじゃう娘がいて、彼女をミジンコ二号って呼んでた。そりゃ暗くなる日もあるだろうけど、社長も僕らスタッフもあなたたちのために一生懸命サポートしてるんだから、頑張らないとダメだよって」

頑張らなきゃダメ――それは自分自身に言い聞かせた言葉でもあった。

結局、整体師にはなれなかった。闇金とか「出し子」とか、悪い仕事もした。何より、彼女を幸せにできなかった。だからせめてデリヘルドライバーの仕事はしっかり頑張ろうと思った。

「でも、あの頃は本当に楽しかったな――」と高宮城は回想する。

「デリヘルドライバーって、〈着け待ち〉してると必ずおまわりさんに職質されるんですよ。僕、(ホルモン注射で)その頃もう髭が生えてたんですね。免許証見せて無線で本署に問い合わせると、女だってわかるみたいなんですよ。だから『ああ、僕、おなべなんですよー』なんて言って。同じおまわりさんにまた職質されて、『何だ、またお前か』『どうだ、儲かってんのか』なんて仲良くなったりして」

他にもエピソードはあった。ラブホテル街で〈着け待ち〉していると、「お疲れさまー」と嬢が乗ってきて、「あれ、ずいぶん早いね」と振り返ると別のお店の娘が乗っていた。知らないおじさんがタクシーと間違えて、「ワシントンホテルまで」と乗り込んできたこともあった。そのときは特に急ぐこともなかったので送り届けたという。

高宮城は店の宣伝のため、ブログを担当していたので、そんなデリヘルドライバーの日々を書き綴った。すると彼を指名する客まで現れたという。

「僕、ブログには『ドライバーのタカシ』って名乗ってたんですよ。そしたら自然とお客さんから『ターさん』って呼ばれるようになって、『今日はターさんも連れてきてよ』って、それで女の子とお客さんと三人でお茶したんです。その人の部屋で。それからはもう、『今日はケーキ買ってあるからターさんもおいで』なんて、それで三人でケーキ食べておしゃべりして、僕は車に戻って、お客さんと女の子のプレイが始まるんです。変でしょう」

内勤で電話を受けていると、愚痴をこぼす客もいた。

「その人は歯医者さんで、お金持ちなんだけど、時々酔っ払って電話してくるんですよ。ターさん聞いてくれよって。最近の患者はどうのこうの、とか、ウチの歯科助手はなってないとか。で、延々しゃべって、『お客さん、女の子呼ぶんですか、どうするんですか?』って言ったら、『うーん、今日はもう酔っ払っちゃったからいいや』なんて言って」

デリヘルドライバー時代、一番嬉しかったことって何ですかと聞いてみた。

「お客さんと結婚して辞めていった女の子がいた。それは嬉しかったな。そのお客さんは最初っからその娘のことが好きで好きで、でもその娘は単にお客さんとしか見てなかったんだよね。事情があってデリヘルやってる娘だった。伊勢丹だったかなあ、三越だったか昼間はデパート勤めしてて、親か兄弟かの借金を返してたんです。お客さんは押しの一手でアタックし続けたんだよね。彼女がお金を全部返済したところで、『辞めます、あの人と結婚します』って報告してくれてね。いい思い出です」

デリヘルドライバーは四年で辞めた。志葉淳の章でも書いたように、彼らの勤めたデリヘルは繁盛しなかったわけではないが、景気に波があった。志葉と高宮城は社長の友人でもあったので、他のドライバーに給料を払えるようにと、二人はほぼ同時に店を離れた。

さてどうしようと思い、ホストクラブ時代のオーナーに相談してみると、

「歌舞伎町に帰ってこいよ」と言ってくれた。

タイミングよく会社は新しくおなべバーを出店しようとしていて、新人教育のためにも、高宮城のような人材が必要だったのだ。彼は接客ではなくキャッシャーとして働くことになり、現在に至っている。

六年前にタイで性転換手術を受け、戸籍も正式に男性となった。現在交際している女性もいるので、結婚も視野に入れている。

「長い長い道のりでしたね――」と、僕は思わず口にした。

九人のデリヘルドライバーに話を聞いた。どの人物の人生にもさまざまな物語があったが、高

宮城朝誠の道のりは、誰よりも長く曲がりくねったものであったに違いない。

「——うん、そうですね。本当にいろいろあった」

高宮城はそう呟く。

「本当はね、断ろうと思ったんです」

「この取材を、ですか」

「うん。僕に語るべき人生なんてないからって。だから僕はいいよって一旦は断ったんです。でも、そうしたら志葉クンがね、『いや、受けた方がいいよ』って」

「——志葉さんが」

「そう。いろいろ思い出して、改めて今までの自分を振り返ることができるからって」

意外だった。すべての問いに淡々と答え、最後までクールに表情を崩さなかった志葉淳は、ひょっとして最後までインタビューを受けることに拒否感があったのではないか。僕はそんなふうに案じていたからだ。

そうだ、志葉といえば——、

「志葉さんがデリヘル時代の仲間と時々旅行に行くと言ってましたが、高宮城さんもそのメンバーなんですよね」

するとと高宮城は、

「そうそう。グループの名前、聞いた」と笑った。

「いいえ。グループ名があるんですか」

「うん。LINEで繋がってるからね。『死ね死ね団』っていうの。志葉クンが付けたんですよ。とにかくダメな連中の集まりだからって（笑）」

「あとの二人も、デリヘル時代の女の子なんですよね」

「そうですよ、だからミジンコ一号とミジンコ二号」

「えっ、そうなんですか」

　また驚いた。

「ねえ、絶対に友だちになんかなれないと思ってたのに、それがいまだに会ったりしてる。面白いですね、人間って。繋がる人とは、繋がり続けるんだよね」

　ミジンコ一号、つまり「髪の毛が決まらないから今日はイヤ」と言った娘は、一度結婚したが離婚し、今は年老いた父親の介護をして暮らしている。もうひとりのミジンコ二号、すぐ鬱になって休みがちだった女の子は、大宮のソープランドで働いている。恋人がいるので、結婚資金をためるためだという。

「高宮城さんは、将来の夢とかありますか」と最後に聞いてみた。

「沖縄に帰りたいなって、最近になって思うようになりましたね」

　女の子なんだから女の子らしくしなさいと厳しかった母親は、七年前に死んだ。兄姉たちも故郷を離れ、今は年老いた父親がひとり、畑を守っている。

すけどね」

「あんなに出たい、逃げ出したいって思い続けた田舎に帰りたいなんて、自分でも不思議なんで

かつて結婚を考えた恋人は、今も東北の街にいる。父親の残した学校で教師を続けながら、同級生と――男女の関係はないものの――幸せな結婚生活を続けているだろう。もう、二〇年近くの月日が経った。

別れて数年して、一度だけ携帯に彼女の着信履歴が残っていた。「何だろう」と思って電話してみると、「ごめんね、子どもがいたずらしたみたい」と言った。

「あなた、元気」と聞かれたので、

「うん、元気だよ」と答えて電話を切った。

でも――、とその後で考えた。彼女の携帯には、いったい何件の電話番号が入っているのだろう。教師をしながら学校の経営にも関わっているのだから、数百件は下らないだろう。幼い子が、偶然その中から僕の番号に触れ、着信を残したというのか。

奇妙なことに、それからというもの、彼の携帯には定期的に間違い電話がかかってくるようになった。尋ねてみると、すべて彼女の住む地域からだった。運送会社が「お届け物なんですが」と言ってみたり、電話の会社が「料金のお知らせです」と伝えてきたりする。

「間違ってるみたいですよ」そう言って彼は電話を切る。

そして、彼女からの「元気にしているよ」というシグナルなのではないかと夢想する。僕たちの思いは今でも繋がっている。ただし、電話線の中でちょっと混線しているのだと。

Epilogue

デリヘルドライバーたちの後日談

それは長い長い坂道だった。そして一歩を踏み出すのを躊躇するほど、急斜面の下りでもあった。走行する自動車の滑り止めのためだろう、アスファルトには蛸の吸盤を思わせる円形の穴が規則正しく、果てしなく彼方まで並んでいた。

デリヘルドライバーたちの話に耳を傾けていると、いつもなぜかその坂道のことが頭に浮かんだ——。

一九八三年の晩春、初めて入った出版社を首になった。前年の秋、アルバイトで何とか潜り込んだものの、次年度から新卒の社員が数名入社したからだ。

社員四〇名ほどの、アダルト誌を発行する小さな出版社だったが、当時は高度経済成長期の残り香もあって景気がよく、何より雑誌はよく売れた。業績が上がったので、経営者は会社をより会社らしくしたかったのだろう。時給四〇〇円のアルバイトを解雇し、将来の幹部候補生として、大卒の新入社員を入社させたいと考えたようだ。

五人いたバイト仲間は困り果てた。突然職を失うこともさることながら、僕らは雑誌作りが好きだった。出版に関わり続けたかった。しかし転職しようにも、いい時代だったとはいえ、出版社というのはそう簡単に入れるものではなかった。

一般的に求人は少なく、大手は一流大学を出た新卒のみ、中小は即戦力となる経験者しか採らない。「経験不問」と謳うのは、ごくまれに一部のエロ本出版社だけ。僕を含めバイト仲間のキャリアは全員半年前後。「経験者」と名乗るには、経験が少な過ぎた。

一応会社には「辞めたくない」「僕らも社員にしてもらえませんか」という旨のお願いは出していた。しかし年末に募集をかけ入社試験があって、結果一〇名の新入社員が採用された。彼らは三月の半ばから書店営業などの研修期間に入り、四月の年度初めからはひとり、またひとりとそれぞれ各編集部に配属になった。そのたびに、バイト仲間がひとりずつ会社を去った。我々は新入社員に仕事を教え、彼らが一通り編集・入稿の流れを覚えると、そこで首になったのだ。

四月も後半に入った頃、僕ひとりが残った。仲間は全員辞めていた。

僕の編集部にも新卒の社員が配属され、一週間が経っていた。編集部といっても、もともとは編集長とアシスタントの僕しかいない部署である。新人にはほぼ、仕事は教え終わっていた。

金曜日だった。「編集局長」という肩書きの一番年かさの上司がやってきて、

「君も今日いっぱいで」と告げられた。

最後の仕事は原稿取りだった。

メールは当然なく、宅配便の類もまだ一般的でなかった時代。アルバイト編集者は、自身の関わる雑誌以外でも、体が空いていると他の編集部の原稿取りに行かされた。局長から、首と言わ

れたついでのように頼まれたのだ。

局長が編集していたのは官能小説誌で、いわゆる「あぶな絵」と呼ばれるエロティックな挿絵が掲載されていた。そんな中の、ある挿絵画家のところへ行ってくれと言う。

目黒だった。JR目黒駅から少し恵比寿方面へ戻り、目黒川の方へ向かった。しばらく歩いていくと、突然道が消えていた。近づくと、急な長い長い坂道だった。

挿絵画家の家はその坂の下にあった。周囲は鬱蒼《うっそう》と木の繁る住宅街で、東京にもこんな急で長い坂道があったのか。そう驚きながら下っていった。

しかし――、奇妙なことに挿絵画家は留守だった。

会社を出るときに連絡を入れ、これから向かう旨を伝えて駅からの道順も聞いたのに、門に備え付けられたインターホンを何度押しても、誰も出てこなかった。昭和三〇年代頃に建てられたとおぼしき古びた木造の平屋だった。当時はさぞモダンだったと思われる屋根の尖った西洋建築で、唐草模様の柄の入った、優美なガラスの出窓があったことを覚えている。

さて、どうしたものか。携帯電話など影も形もない時代である。近くに公衆電話は見当たらなかった。夕方が近づいてきた住宅街は、しんと静まり返っていた。車も通らず、歩く人影もなかった。まるで街中の人間が突然消えてしまった、そんな古いSF映画のワンシーンのようだった。

そこから先のことは覚えていない。挿絵画家と連絡は取れたのか、無事原稿はもらえたのか。挿絵を受け取ったのなら届けるために会社に戻ったはずなのだが、そのあたりの記憶が一切ないのだ。

あれから目黒近辺に行くたび、その坂道を探してみた。しかし、いまだ一度も見つけることができないでいる。

あの坂道は、本当にあったのだろうか。

会社を首になったあの日、上司に原稿取りを頼まれたことは事実で、坂の下に住む挿絵画家は実在していたのだろうか。そんなことを考える。

あの坂道や鬱蒼とした木々も三角屋根のモダンな家も、すべて僕の幻影ではなかったか。デリヘルドライバーたちの話を聞きながら、思い出していたのはそのことだ。

彼らはある時期、ある期間、デリヘルドライバーとして東京の夜を駆け抜けてきた。けれど果たしてそれは本当のことだったのか。あれは男たちの欲望と女たちの切ない思いが作り上げた、幻影の空間ではなかったか。

彼らの多くが車を降りた。今は別の現実世界で生きている。


「デリヘルドライバーはスピードが命だから」と言った楠田一真とは、池袋駅北口にある二四時間営業の喫茶店『伯爵』で再会した。時刻は前回と同じ午前六時。

彼はインタビューの最後で「デリヘルドライバーをやるのは、この店が最後だろう」と語っていたように転職し、今はタクシードライバーになっていた。明け方まで車を走らせ、これから帰宅するところだ。

「タクシー業界はどうですか」と聞くと、

「楽だね。しかもソコソコ稼げる」とつまらなそうに答える。

世間は不況で大変だという話を聞く。そう言ってみると、

「楽でしょ、大変な理由がないでしょ」と、人を食ったような口のきき方をした。

この男は変わらないな、と苦笑した。

「でも、見る限り台数は多くて余ってるみたいだし、池袋の駅前だって今も空車が何台も連なってますよ」と反論してみると、

「それは頭の悪いドライバーの話。つまりアイツらの逆をやればいいんでしょ、単純な話だよ」

と皮肉っぽく答える。

楠田に言わせると、駅前で客待ちするなんて愚の骨頂だそうだ。

「一時間並んだあげく、乗った客が初乗り（運賃）で降りたらどうすんのよ」というわけだ。

現在の営業所は板橋だ。まずは池袋を駅西口からトキワ通りに入る。するとほぼ間違いなく、渋谷や新宿方面を目指す客が手を挙げる。そうすればもうこっちのものだ。その一日は、六本木、麻布、広尾といったエリアで次々客を拾える。

トキワ通りの時点で「池袋東口」と言われてめげたり、「王子」と告げられ「正反対じゃねえかよ」と心の中で舌打ちするときはある。でも、「かしこまりました」と素直に車を走らせてい

れば、必ず転機はやってくる。

「考えてもごらんよ、タクシードライバーほどいい商売はないぜ」と楠田は言う。

「最低でも売り上げの六〇パーセントもらえるわけでしょ、これって風俗嬢と同じレベルだよ。一方デリヘルドライバーなんて、店の売り上げから雀の涙程度の給料出るだけ、しかもガソリン代引かれてさ。タクシーは燃料代会社持ちだし、車だって会社のをタダで使える。風俗嬢はどんなに嫌な客とだって、最低六〇分は個室で過ごさなきゃならないでしょ。ところがタクシードライバーは、ロングの客ならどんな嫌なヤツでもいい客に見えてくるよ。近場の嫌な客はすぐ降ろせるしさ」

現在の月収はこの不況下にもかかわらず、最低五〇万円は稼ぐ。相変わらず気ままな独身暮らしの彼は、一年に二度、長い休みを取って〈乗り鉄〉の旅に出る。JRが発行する「青春18きっぷ」を手に、鈍行でのんびり北上するのだ。最近は札幌すすきののビジネスホテルで呼んだデリヘル嬢を気に入り、彼女に会いにいくという目的もできた。

「ところがさ」と楠田は独り言のように語る。

「携帯番号教えといたら、この間突然電話があったんだよ。性病になっちゃって、お店辞めなくちゃならない」って。

彼女は店の寮暮らしだ。辞めたら住むところも失う。新しくアパートを借りるにも、敷金と礼金がない。楠田は彼女が何も言わないうちに「いくら必要なの。言ってごらん」と尋ねた。「二〇万円」、彼女は小さく答えたという。

「援助してあげたいんだけどな。でも、そういうことすると女の子にとっては余計に負担なのかな。客とデリヘル嬢という関係では、もう会えなくなるよな」

やっとわかった。この男は「風俗嬢」という存在を、どうしようもなく愛しているのだ。同胞と思っているのかもしれない。あるいはあの、大塚愛を一生懸命歌ってくれたあの娘に、何もしてあげられなかった過去を今も悔やんでいるのかもしれない。

船橋啓介とは、横浜のＪＲ関内駅北口の喫茶店で会った。現在の彼の仕事場が、そこから根岸線を挟んだ福富町の歓楽街にあるからだ。

秋葉原のデリヘルでドライバーをやっていたとき、闇金時代の地元の悪友が七年の刑期を終えてシャバに出てきた。オレオレ詐欺で逮捕され、服役していたのだ。「じゃあ、ひとつ出所祝いでもするか」と集まったとき、仲間のひとりでやはり風俗業をやっている男が、「知り合いが関内でセクキャバを開いて、三店舗大成功してる。そこで四店舗目を任せる人間を探してるから一緒にやらないか」という話を持ってきた。融資を受けてのフランチャイズ店というわけだ。

その友人と船橋、後輩も三人呼んで店を一から立ち上げた。年中無休の店なので、約三カ月間は休みなく働いた。夕方六時から勤務で、朝は早いときで六時、遅くなれば九時まで。最初は五人いるんだから、店が回り始めたらローテーションで休み取っていこうぜと言い合っていたが、結局全員が休まず働き続けた。特に立ち上げ時は防火防災、食品衛生などの講習は朝からあったので、船橋がそのまま直接受けに行ったり、警察への許可取りなどもあって徹夜の日もあった。それでも楽しい日々だったという。

「充実した生活なんですね」と言うと、

「うん。まあ、そうなんですかね」と照れたように笑う。

気が付くとかつて彼を包んでいた、あの「凄み」のようなものが消えていた。こちらが船橋という人物に慣れただけかもしれないが。

「街がいいですよ」と最後に言った。

「同じような店ばっかりじゃないですか。キャバクラ、セクキャバ、ピンサロ。夕方出勤すると、同業者やキャッチさんから『おはよう』『最近、どう？』なんて声かけられて。一緒に生きてるって感じがしますよ。仲良くなって、『麻雀打つの？　じゃあ今度やろうよ』みたいな、ね」

船橋啓介は、自分の居場所を見つけたのかもしれない。

男子三日会わざれば刮目《かつもく》して見よというが、若い川瀬洋平は、ずいぶん雰囲気が変わって見えた。

「ちょっと大人になったんじゃないの」と言ってみると、

「太っただけっスよ、仕事が忙しくて運動不足なんで」と笑顔を見せた。

確かに体重は増えたようだが、決して「太った」ようには見えない。細かった体に筋肉が付き、ひとまわり大きくなったように感じた。

川瀬とは、JR千葉駅前で会った。近くにある、派遣型リフレに勤務している。近年急成長している大手チェーンで、都内近郊で十数店舗展開する中、彼は最も若い店長なのだそうだ。

例の「引くほどお嬢様」な恋人とは、あの後別れてしまった。

「風俗辞めて、まともな仕事に就いて」と彼女に言われ、オンラインゲームを制作する会社に入った。川瀬が任せられたのは専門的なプログラミングではなく、ホームページの更新やマニュアルの作成などだったそうだが、サービス残業五〇時間は当たり前という超ブラック企業で、結果一緒に過ごす時間がなくなってしまい、やがて二人の気持ちは離れてしまった。

「まったく、全部あのクソみたいな会社のせいですよ」と言うが、彼女には少しも未練はないようだし、むしろせいせいしているようにも見える。それはやはり船橋啓介同様、川瀬洋平も、今が充実しているからではないか。

ブラック企業のゲーム会社を辞めてすぐ、川瀬はまた風俗業に戻った。池袋のJKリフレ時代に知り合った人が、今の会社を紹介してくれた。

千葉の店の店長を任されたのが二カ月前。それから一日たりとも休みを取っていない。今日もこれから出勤だという。この取材を通してつくづく感じたのが、風俗業で働く人間たちの勤勉さだ。彼らは一般のサラリーマンの、倍は働いているのではないか。

川瀬の現在の唯一の楽しみは、月に一度か二度行われる、ギャル男時代の友人が渋谷のクラブで主催するイベントだ。

店は深夜二時に終わるので、東関東自動車道から首都高速を経由すれば一時間以内に渋谷に着く。車なので酒は飲めないが、早朝までのわずかな時間、音楽を楽しんで帰ってくる。それだけだ。

「じゃあ家族や、元ギャル男のお兄さんとも会ってないの」と聞くと、

「兄貴は相変わらずお洒落なんで、高いブランド物の服とかくれるんですよ」と言った。

川瀬はやはり夜中に車を飛ばし、同じ千葉県内だが、一時間ほど離れた実家へ向かう。すると兄が玄関に服を置いていてくれていて、彼は「兄弟でもタダじゃ申し訳ないから」と、少しばかりの金を封筒に入れて残しておく。

将来の夢はと聞くと、自分がオーナーの店を持つこと。

「二〇代のうちに何とかしたいっスね」と語る。現在二四歳。まだ六年ある。

志葉淳には再び、歌舞伎町で会った。今も中野に住んでいるので、新宿が都合がいいのだそうだ。セクキャバの下働きをしていた彼は、店長になっていた。料理の店を出す計画も、着々と進んでいるという。

「高宮城さんから、『死ね死ね団』のこと聞きましたよ」と言うと、
少し照れたように――しかし彼にしては朗らかな感じで笑った。

同席した編集K氏が僕にそっと、

「志葉さん、少し夜の匂いが消えてませんか」と耳打ちした。

確かに、以前より健康的に見えた。

志葉さんがデリヘル嬢の女の子たちといまだに旅行に行ってるって、少し意外な感じがしたんです。他の娘と彼女たちは、何が違うのかなと問うと、

「嘘をつかないんだよね、アイツらは」と言った。

だらしないし、男に騙されるし、そのくせ惚れっぽくて傷ついてばかりいるけど、彼女たちは嘘をつかない。本音でしか話さないと。

「旅行に行って四人で何を話すんですか」と聞くと、

「うん、それなんだけどね」とおかしそうに笑う。

「全員、人の話なんて聞いてないんだよ。てんでばらばら好き勝手なことだけしゃべってる。でも、そういうのが何《な》んか楽なんだよね」

「志葉さんにとって、高宮城さんってどういう存在なのかな」と聞いてみた。

するると、

「う〜ん、頼りになるオニイチャンってとこかな」と言い、

「まあ、オニイチャンなんだかオネエチャンなんだかわかんないけどね」と付け加えた。

その高宮城朝誠とは、前回と同じ、新宿大久保通り沿いにあるファミリーレストランで待ち合

わせた。おなべバーのキャッシャーとして働いていた彼は、現在、同じ系列の店、そのすべてを統括する会社の経理を担当している。つまり完全に現場を離れたわけだ。

朝の九時から夕方五時までの一般的な勤務。途中の昼休みを利用して時間を作ってくれた。

半年前に年老いた父親が亡くなり、十数年ぶりに沖縄に帰った。そのとき、ひとつの再会があったという。

通夜と告別式には片隅に座って出席したが、焼き場には行かず家にひとりいた。

「ホラ、僕がこうでしょ。長男が気を使ってくれて、お前は留守番してろって言ったんだよね」

一〇歳以上年の離れた兄は、どう見ても男にしか見えない妹が、親戚や近所の人から好奇の目で見られることを察したのだ。

するとひとり家にいた高宮城を、ある人物が突然訪ねてきた。

中学時代の、一年後輩の女性だった。

二人は口には出さなかったが、お互い「絶対にあの子もそうだ」と感じていた。自分の性に違和感を持つ者同士だけが、通じ合う感覚だった。

今も女性のままで生きている彼女は高宮城に、

「あなたがずっと羨ましかった」と伝えたという。

「今も羨ましい。自分らしく生きているから」と。

戸籍を変えて七年目、今年四七歳になる高宮城は、「そろそろ真剣に結婚を考えている」と語る。

「以前言ってた彼女とですか」

と聞くと、

「ああ、違う違う。あの娘とは別れた。今はまた別の人と付き合ってるの」と笑った。

相変わらず、恋多き「男」である。

元バイオリニスト風見隼人とは、楠田一真と同じく池袋駅北口の喫茶店『伯爵』で再会した。彼はデリヘルドライバーを辞め、現在は池袋にある派遣型ヘルスの受付をしている。ただしそれは繋ぎ的な仕事で、数カ月後には吉原の高級ソープランドの支配人に迎え入れられる予定だという。

「吉原が風見さんにとって、気学の方角としていいかどうかは調べたんですか」と聞くと、

「アッハッハ、そりゃもちろん。バッチリですよ」と相変わらず底抜けに明るく笑ってみせた。

そしてスーツのポケットからスマートフォンを取り出し、

「今はね、ネットですべて調べられますから。昔みたいに偉い人に高い金出して見てもらう必要がないんですよ」と言い、

「そうだ、せっかくだから見てあげますよ。先生、生年月日言ってみて」とスマホを構えた。そして、

「う〜ん、先生、プライド高い人だねえ。そのプライドの高さが、吉と出るか凶と出るかだなあ」

そうニヤリと笑う。

そして僕の運気は、今年の秋、一〇月から十一月にかけてが最悪なのだという。

同席した編集K氏がすかさず、

「それはマズイなあ。この本が出版される頃ですよ」と言い、
僕も思わず「気分が暗くなるなあ」とひとりごちた。

すると風見は、

「先生、そうは思ってほしくないんだな」と説明する。

「さっき、プライドの高さが吉と出るか凶と出るかって言ったでしょ、人の運命は決まってる。でもね、それをどう受け止めて動かしていくかは、その人次第なんですよ」

なるほど。ならば風見隼人もまた、最初からバイオリニストにはならない運命だったのかもしれない。彼はそれを受け止めて、今を生きている。

その席には、かつて編集K氏の部下だった、清瀬文彦もいた。

「君も見てあげよう」風見はそう言って清瀬の運勢を調べた。

「うん、いろいろと苦労してきただろうしこれからもするだろうけど、君は、金には一生困らないね」

「マジすか」

「保証する。ただ、さっき先生に言ったみたいに、それをどう受け止めて動かしていくかは君次第だけどね」

確かにそうかもしれない。父親がアルコール依存の問題を抱えながらも、清瀬は祖父の残してくれた金で大学へ進み、ニューハーフの友人や編集K氏の手助けでエロ本編集者になった。その会社が傾くと今度はデリヘルとの出会いがあり、次に電子書籍コミックの会社に入るもその後フリーランスとなっていた。そして少し前に大きな仕事が入ったこともあり、自分で小さな会社を立ち上げた。ちなみにたったひとりいる事務職の従業員は、かつてデリヘル事務所でライブチャットをやっていた女の子のひとりだ。

残念ながら元ヤクザのBボーイ、稲森満夫に会うことはできなかったが、編集K氏が電話すると、「東良さんに、ピスケンさんに会ったらよろしくとお伝えください」と言ったという。

ピスケンとは本名・曽根賢《そねけん》という作家で、僕のエロ本編集者時代の後輩だ。かつて『バースト（BURST）』という不良雑誌の編集長だった。

稲森に会い、一通りインタビューが終わり雑談になったとき、

「店長の特権で、メンズエステの美人たちにマッサージしてもらったりしないの」と聞いてみた。するとと稲森は、

「やってほしいんですけど、自分、背中にびっしり墨（刺青）が入っちゃってるんで、女の子たち怖がるんじゃないかと思って」と少し照れながら答えたのだ。

「やっぱり、極道の人ってみんな刺青入れるものなんですか」

「まあ、入れる人は多いですけど、自分はもっと前、ガキの頃から『バースト』って雑誌のファンだったんですよ」

『バースト』はアウトローに不良、バイクにドラッグと、男の子が憧れるヤバイものはすべて扱う雑誌だったので、当然刺青の写真も、彫り師のインタビューと共に毎号掲載された。若き日の稲森は、メインの作家で、ゴンゾ（ならず者の意）ジャーナリストとも呼ばれる石丸元章《いしまるげんしょう》のエッセイを愛読し、タトゥーの写真に見入ったという。

不思議な縁だと思う。高宮城朝誠の恋人が偽装結婚の手紙を出した『さぶ』というゲイ雑誌は、かつて編集K氏がいた出版社から発行されていたものであり、編集長は彼の師匠とも呼べる人だった。そして川瀬洋平がギャル男時代に愛読していた『men's egg（メンズ・エッグ）』は、清瀬文彦がいたエロ本出版社が版元だった。

着け待ちの早朝、桜を見ていた駒井祐二とは、最後まで連絡がつかなかった。携帯電話は繋がらず、メールもLINEも不通となった。勤めていた出版社に問い合わせてみると、半年前に突然依願退職したという。

彼を紹介してくれた編集者に聞いてみると、駒井と親しくしていた社員はひとりもおらず、誰も彼の今後に興味を持たなかったという。だから、行方はまったくわからない。腕のいいDTPデザイナーだったが、彼が辞めても会社は少しも困らない。すげ替えのきく代わりのデザイナーは、いくらでもいるのだ。

願わくば、逮捕されてもすべてを失っても彼に寄り添い続けた、高校の同級生だった妻と、故郷に帰って幸せに暮らしていてほしいと思った。

なぜなら駒井の人生がすべて他人事のようだったのは、この東京という街のせいではなかったかと思うからだ。

東京の闇夜は、そこに生きる人々の幻影を映し出すスクリーンだ。実態もなく希望すらなく、あるのは寂しさと欲望だけ。そしてデリヘルドライバーたちは、今夜もそんな闇を切り裂き走り続ける――。

東良美季（とうらみき）
1958年神奈川県川崎市出身。國學院大學文学部哲学科卒。ヌードグラビア誌編集者、アダルトビデオ監督、音楽PVディレクター、グラフィック・デザイナーを経て、現在は執筆業。著書に『猫の神様』（講談社文庫）、『代々木忠 虚実皮膜〜AVドキュメンタリーの映像世界』（キネマ旬報社）、『東京ノアール〜消えた男優太賀麻郎の告白』（イースト・プレス）、『アダルトビデオジェネレーション』（メディアワークス）、『エロ本黄金時代（本橋信宏氏と共著）』（河出書房新社）他。
ブログ『毎日 jogjob 日誌 by 東良美季』 http://jogjob.exblog.jp/

満たされることのない東京の闇を駆け抜ける
デリヘルドライバー

2017年12月1日 第1刷発行

著　者　東良美季
発行者　井上弘治
発行所　**駒草出版** 株式会社ダンク出版事業部
〒110-0016　東京都台東区台東1-7-1 邦洋秋葉原ビル2階
TEL：03-3834-9087
URL：http://www.komakusa-pub.jp/
印刷・製本　中央精版印刷株式会社

装丁／大橋義一（Gad, Inc.）
カバー写真／K
編集・撮影協力／澤田和昌、株式会社Inu.

ISBN978-4-905447-87-0